Le *sexe* et l'art d'aimer

TAO, TANTRA ET KAMA-SUTRA

MABEL IAM

Traduit de l'américain
par Martin Kurt

AdA Inc.

Éditeur : François Doucet
Traduction : Martin Kurt
Révision linguistique : Véronique Vézina
Révision : Nancy Coulombe
Illustrations intérieures : ©2002 Jonathan Hunt
Graphisme : Sébastien Rougeau
ISBN 2-89565-359-3
Première impression : 2006
Dépôt légal : premier trimestre 2006
Bibliothèque Nationale du Québec
Bibliothèque Nationale du Canada

Éditions AdA Inc.
1385, boul. Lionel-Boulet
Varennes, Québec, Canada, J3X 1P7
Téléphone : 450-929-0296
Télécopieur : 450-929-0220
www.ada-inc.com
info@ada-inc.com

Diffusion

Canada :	Éditions AdA Inc.
France :	D.G. Diffusion Rue Max Planck, B. P. 734 31683 Labege Cedex Téléphone : 05-61-00-09-99
Suisse :	Transat - 23.42.77.40
Belgique :	D.G. Diffusion - 05-61-00-09-99

Imprimé au Canada

Participation de la SODEC.
Nous reconnaissons l'aide financière du gouvernement du Canada par l'entremise du Programme d'aide au développement de l'industrie de l'édition (PADIÉ) pour nos activités d'édition.
Gouvernement du Québec - Programme de crédit d'impôt pour l'édition de livres - Gestion SODEC.

Catalogage avant publication de Bibliothèque et Archives Canada

Iam, Mabel

Le sexe et l'art d'aimer
Traduction de : Sex and the perfect lover.
ISBN 2-89565-359-3

1. Sexualité - Aspect religieux - Taoïsme. 2. Sexualité - Aspect religieux - Tantrisme. 3. Éducation sexuelle - Aspect religieux - Taoïsme. 4. Éducation sexuelle - Aspect religieux - Tantrisme. I. Titre

HQ61.I2514 2006 306.7 C2005-941841-9

Le Tao de l'art d'aimer

Qui connaît autrui est avisé ;
Qui se connaît est éclairé.
Qui vainc autrui est fort ;
Qui se vainc soi-même est puissant.
Qui se contente de ce qu'il a est riche ;
Qui cherche à agir a de la volonté.
Qui reste à sa place vit longtemps ;
Qui conserve son influence vit éternellement.

– *Tao Te King*, 33

Pour écrire à l'auteure

Si vous souhaitez écrire à l'auteure ou obtenir plus d'information sur ce livre, veuillez vous adresser à Llewellyn Worldwide qui fera suivre votre courrier. L'auteure et l'éditeur apprécient vos commentaires et aiment savoir si ce livre vous a plu et comment il vous a aidé. Llewellyn Worldwide ne garantit pas que toutes les lettres adressées à l'auteure recevront une réponse, mais toutes lui seront remises. Veuillez écrire à :

Mabel Iam
a/s Llewellyn Worldwide
P.O. Box 64383, Dept. 0-7387-0408-3
St. Paul, MN 55164-0383, U.S.A.

Veuillez inclure une enveloppe préaffranchie pour la réponse.
Si vous demeurez dans un autre pays que les
États-Unis, veuillez inclure un mandat postal international.

Table des matières

Deuxième partie : L'amour en acte

Troisième partie : L'accroissement de l'amour

Remerciements

À mon mari, Greg, l'amour de ma vie. Il me permet de réaliser tous mes fantasmes féminins. Il m'inspire et m'aide à grandir chaque jour, avec joie et compassion. Un grand compagnon, un meilleur ami encore et… l'amant idéal.

Aux maîtres spirituels qui m'ont enseigné à ouvrir mon être intérieur et à élargir ma conscience, surtout Maître Meishu Sama.

Je dédie ce livre aux femmes et aux hommes pour qu'ils puissent enfin connaître le pouvoir de l'amour, dans une liberté totale et sans conflits. En partageant ce texte, mon souhait le plus cher est que l'amour, dans toutes ses dimensions, fasse partie de nos vies et nous remplisse de sa grâce.

Prologue

Qui louange la vie ne connaît pas la vie –
c'est pourquoi il possède la vie.
Qui ne louange pas la vie ne veut pas perdre sa vie –
c'est pourquoi il ne possède pas la vie.
Qui louange la vie agit sans y songer.
Qui ne louange pas la vie agit avec intention.
Qui louange l'amour agit sans y songer.
Qui louange la justice la pratique avec intention.
Qui louange le rite le pratique ; et quand personne n'y répond,
il emploie la violence pour qu'on le paie en retour.
C'est pourquoi il est dit :
Quand le Tao est perdu, il reste la vie.
Quand la vie est perdue, il reste l'amour.
Quand l'amour est perdu, il reste la justice.
Quand la justice est perdue, il reste le rite.
Le rite est l'écorce de la droiture et de la sincérité,

mais il est aussi la source du désordre.
La sagesse prévoyante est la fleur du Tao,
mais elle est aussi le commencement de l'ignorance.
C'est pourquoi le grand homme s'en tient au fond
et laisse le superficiel.
Il estime le fruit et laisse la fleur.
Il rejette ceci et adopte cela.

– *Tao Te King, 38*

Introduction

Le but de ce livre consiste à exposer des techniques qui permettront au lecteur d'atteindre l'extase grâce à l'amour. En utilisant une terminologie occidentale, l'auteure cherche à offrir aux élèves un texte clair qui leur permettra de comprendre, d'éprouver et de suivre la Voie, que nous nommerons le Tao de l'art d'aimer.

À cette fin, nous avons intégré des éléments de sagesse d'anciennes cultures qui ont sondé et enseigné différentes façons d'atteindre le contentement et le plaisir dans l'harmonie du corps et de l'esprit. Les enseignements que nous présenterons ont résisté au passage du temps et nous incitent à garder vive la flamme qui renforce l'amour et la passion dans un couple.

L'énergie amoureuse s'exprime dans le sexe, dans les relations, dans la spiritualité et dans l'univers entier de l'être. Quiconque se sent comblé dans tous les aspects de la vie peut témoigner de sa nature divine.

Chacun de nous peut accomplir pleinement sa vie, créant ainsi une véritable œuvre d'art. Mais pour atteindre ce but, nous avons besoin de connaissance et de techniques intimes pour guider notre nature humaine et reconnaître tout son potentiel divin.

Dans ces pages, nous prétendons montrer la voie suprême qui conduit au havre du plaisir et de l'amour. La joie et le contentement résident dans chaque portion de notre existence, comme une lumière intérieure pouvant illuminer chaque moment de nos rapports, apportant la possibilité divine de générer un amour qui évolue constamment.

1

Les préliminaires amoureux

Le ciel parvint à l'unité et devint limpide.
La terre parvint à l'unité et devint ferme.

– *Tao Te King*, 39

1

La jouissance du Tao et la polarité du sexe

Le Tao : le yin et le yang du sexe

Quand une femme s'unit à son homme dans l'amour, tout le pouvoir magique de l'univers s'intègre à cet acte qui accomplit des miracles sur la terre et au ciel.

L'union du féminin et du masculin

Même s'il est impossible de connaître exactement l'origine de la philosophie taoïste, il est admis qu'autour de l'an 500 av. J.-C., un érudit chinois nommé Lao-tseu a compilé ses enseignements fondamentaux dans un livre qui est aujourd'hui connu comme *Tao Te King*.

Tout comme le but du Tao est de connaître la voie suprême pour accomplir la destinée humaine, celui du Tao d'un couple est d'intégrer l'amour au sexe et d'unir les énergies masculine et féminine.

Représentation du Tao

Le Tao est l'unité de deux principes : le yin et le yang. Le symbole du yin et du yang est un cercle divisé en deux moitiés par une ligne en forme de « S », avec une moitié blanche et l'autre noire.

Le cercle représente l'unité de l'univers, consistant en l'élément yin (noir) et l'élément yang (blanc), inséparables dans chaque manifestation du tout. Dans chaque moitié se trouve un petit cercle de la couleur opposée, ce qui signifie que chaque principe contient les germes de l'autre. Au moment culminant du déploiement et de l'expression, chaque principe change en son opposé polaire, de telle façon que la force de l'équilibre éternel puisse agir.

L'équilibre de l'univers dépend de la polarité

Selon le Tao, l'univers est le produit de la polarité qui existe dans l'unité primordiale : repos et mouvement, contraction et dilatation, condensation et dispersion, recul et progression. Du plus simple et spécifique jusqu'au plus complexe et universel, tout être exprime cette polarité originelle. Les interactions entre le yin et le yang génèrent tous les êtres vivants qui peuplent l'univers.

La philosophie taoïste repose sur la recherche de l'équilibre et l'intégration des forces opposées qui se complètent l'une l'autre.

Symbole du yin et du yang

Yin et yang

Le yin représente l'énergie féminine : la passivité, la nuit, la moiteur, le froid, l'eau et la lune. La femme, avec toutes ses sécrétions sexuelles et ses fluides, constitue l'essence yin qui fournit la protection nécessaire pour que la semence masculine devienne un embryon.

La femme contient une réserve inépuisable d'énergie yin qui est éveillée par la stimulation sexuelle. L'orgasme féminin renforce l'énergie vitale, améliore la santé et prolonge la jeunesse.

Étant donné que le potentiel sexuel féminin est plus ouvert et dynamique, presque tous les textes cherchent à instruire l'homme afin que les deux amants puissent atteindre un niveau de satisfaction équivalent.

Le yang représente l'énergie masculine : l'activité, le jour, le sec, le soleil et le feu. Le sperme masculin est un don précieux, la source de sa santé physique et de son énergie vitale. L'énergie vitale diminuera à moins d'être compensée par un apport égal d'énergie féminine yin. C'est pourquoi l'homme doit chercher à satisfaire la femme chaque fois qu'il a un rapport sexuel avec elle. De cette façon, chacun tirera profit de l'autre pendant les ébats amoureux : il renforcera son essence vitale et elle stimulera et augmentera son essence yin.

Selon la pensée taoïste, la caractéristique sexuelle du yin est l'excitation lente, mais cela implique que la femme est aussi plus lente à abandonner lorsqu'elle a besoin de plus de stimulation sexuelle. À l'inverse, la caractéristique sexuelle du yang est l'excitation rapide, ce qui permet à l'homme d'atteindre le maximum de plaisir instantanément.

L'homme doit apprendre à prolonger l'acte sexuel sans atteindre l'orgasme, de façon à ce que les deux énergies puissent se rejoindre et fusionner. En augmentant la durée pendant laquelle son membre demeure dans la femme, il absorbera l'essence yin qui le revitalisera en retour.

Quand la force yang de l'homme et la force yin de la femme s'unissent, elles engendrent la vie dans l'univers.

Le plaisir infini

Il existe des exercices physiques et spirituels qui permettent aux couples éprouvant des problèmes sexuels d'atteindre un équilibre. Ces techniques anciennes sont très efficaces pour les gens qui tiennent des rôles rigides, routiniers et stéréotypés dans leurs relations sexuelles, ce qui peut éventuellement entraîner une perte de libido.

Tout d'abord, les amants doivent chercher à développer la tendresse de leurs sentiments et à l'exprimer en se caressant l'un l'autre. Chaque partenaire doit caresser l'autre d'une manière lente et douce, avec une sensibilité yin. Non seulement la bouche et les mains participent à ces caresses, mais le corps entier aussi, incluant ces zones qui ne sont pas érotiquement explorées.

Pendant que les partenaires se caressent mutuellement, chacun doit visualiser le soleil enlaçant la lune avec ses rayons lumineux — deux énergies vitales qui se fusionnent.

L'homme doit stimuler la femme jusqu'à ce que les zones érogènes des deux soient complètement humides. Une fois atteinte cette sensation yin, il est temps pour le yang d'agir, avec la pénétration de la femme par l'homme jusqu'à ce que le couple atteigne le climax.

Après avoir complété l'acte sexuel dans un état d'extase, le couple doit attendre quelques minutes pour permettre aux corps des deux partenaires de se relaxer complètement. Quand ils atteignent cet état paisible, les amants devraient visualiser l'image de la terre embrassant le ciel, tout en se tenant les mains et en s'embrassant.

Si les amants commencent à se caresser à nouveau, ils peuvent être excités de nouveau et accomplir l'acte sexuel plus de deux fois par jour.

Si le couple réalise ces exercices chaque jour pendant un certain temps, il harmonisera ses énergies yin et yang et connaîtra la plus haute incarnation de l'amour.

2

La voie divine
Le Tao de l'évolution spirituelle dans le tantra

Le tantra : une autre voie d'accès au plaisir sacré

L'art de la chambre à coucher représente le summum
des émotions humaines
et comprend la voie divine.

– *Vishvasara Tantra*

Le mot *tantra* provient de l'union de la racine *tan,* qui signifie « ouvrir, déployer », et du suffixe *tra,* qui renvoie à un instrument. *Tantra,* dès lors, représente un instrument pour l'élargissement de la conscience ordinaire, visant à atteindre la racine du soi, de même que le potentiel insoupçonné qu'il est possible d'éveiller et d'utiliser.

La discipline tantrique, ou yoga tantrique, s'est développée à travers des rites, des pratiques et des méditations qui se retrouvent dans différents livres sacrés de l'Inde. Ces livres, qui datent de plus de deux mille ans, sont rédigés sous la forme de dialogue entre le dieu hindou Shiva, « la force pénétrante de l'énergie concentrée » et sa partenaire Shakti, qui représente la force féminine créatrice, parfois nommée le « pouvoir du tantra ». Pour le tantra, l'univers est vivant. De l'étoile la plus distante jusqu'à la plus infime particule subatomique, tout est habité par une certaine forme de conscience. L'univers est énergie et conscience combinées. En pratique, cela conduit au respect de toutes les formes de vie, qu'elles soient animales ou végétales. Lorsque quelqu'un mutile une forme de vie, c'est sa propre vie qu'il détruit – l'écologie devient cosmique.

Pour les couples cherchant une façon différente et significative de se comporter l'un envers l'autre, qui permet en outre de garder la passion et l'amour vifs pendant longtemps, le tantra fournit des outils très importants.

Le sexe tantrique ne promet pas des résultats instantanés – ce n'est pas une technique « minute » pour développer des habiletés sexuelles. Mais pour les couples qui veulent enrichir leur relation, il peut libérer un genre d'énergie particulière qui accroît l'harmonie tout en augmentant l'intimité et le plaisir sexuel. Le sexe tantrique peut créer un sens extraordinaire de l'amitié entre les partenaires.

Les secrets anciens du tantra

La mystérieuse, et souvent déformée, discipline tantrique comprend un ensemble de techniques, doctrines et rites anciens cherchant à unir l'esprit humain avec l'infini. Selon le tantra, l'univers est né de l'union cosmique des principes masculin et féminin. Cette conception inclut le sexe tantrique, qui combine la sagesse des plaisirs inhérents à la nature humaine et les plaisirs qui nous proviennent du lien mystique qui relie l'amour humain à l'amour divin.

La sexualité tantrique

Le tantra cherche l'élargissement de l'esprit en libérant l'énergie de son enchaînement dans la dimension de la matière. Le tantra est le système au moyen duquel Shakti, l'énergie primordiale, est libérée. Pour y arriver, il est nécessaire de suivre une diète appropriée, de pratiquer avec assiduité une respiration adéquate (pranayama), de faire les bons exercices, d'atteindre une relaxation adéquate et une pensée juste (méditation).

En même temps, faire l'amour est l'occasion idéale pour la circulation consciente de l'énergie et chaque partenaire peut faire circuler sa propre énergie ou celle de l'autre.

L'énergie circule quand nous faisons l'amour, mais elle est souvent perdue par manque d'attention. Il est important de nous familiariser avec la sensation d'un flux libre d'énergie, afin de le reconnaître consciemment. Il est surprenant de réaliser combien l'esprit peut sentir facilement le flux d'énergie si nous laissons notre intuition entrer en contact avec le corps de notre partenaire. La respiration profonde nous permet de sentir le flux d'énergie. Nous pouvons remarquer que certaines parties de notre corps s'éveillent, tandis que d'autres sommeillent ou sont moins excitées.

Les positions érotiques tantriques, nommées *bandhas,* ont été élaborées pour diriger l'énergie interne vers l'extérieur. Les mains et les pieds sont des instruments utilisés fréquemment dans ce processus extrêmement important, faisant en sorte que l'énergie sexuelle circule plutôt que d'être perdue. Un ingrédient essentiel dans la pratique tantrique est d'honorer l'esprit intérieur. C'est ainsi que l'amour assume son émancipation et son caractère vraiment éternel.

La relation sexuelle consiste alors à offrir la sexualité de l'un à l'autre. Lorsque quelqu'un accepte l'acte sexuel comme un cadeau, il se produit un échange à plusieurs niveaux : un échange physique de sécrétions, un échange psychophysique de polarité et d'énergies vitales, un échange karmique par la convergence des destinées et un échange spirituel dans la communion des esprits. Tous ces échanges rehaussent la qualité de la relation d'un couple.

Le tantra ne recommande pas une abstinence sexuelle prolongée, puisque cela cause l'accumulation de courants sexuels anormaux dans le corps. Se retenir consiste à maintenir le plaisir comme une lumière au cœur de la tempête. Les textes tantriques soulignent l'importance d'« absorber l'équivalent de votre partenaire » lorsqu'il y a émission de fluides vitaux. La perte de semence, qui origine de toutes les parties du corps, affaiblit l'homme et raccourcit sa vie. Pour neutraliser la perte causée par l'éjaculation, l'homme doit absorber consciemment les sécrétions de la femme. Il existe différentes techniques pour y parvenir.

En fait, la rétention de la semence ou le contrôle conscient de l'éjaculation est une affaire personnelle, puisque cela ne touche pas de la même manière un homme dans la vingtaine et un homme dans la cinquantaine. La perte d'énergie dans l'éjaculation a une signification différente pour chacun ; c'est pourquoi chacun doit décider du moment et de la manière, et trouver sa propre fréquence.

Aux plus hauts degrés de l'érotisme, l'orgasme n'est plus qu'un point dans le temps, un encouragement supplémentaire dans un état de splendeur physique et émotionnelle intense et continue que les amoureux éveillent l'un chez l'autre. Le sexe n'est plus seulement une sensation, mais un sentiment. Le désir n'est plus un appétit, mais un contact d'âme à âme. L'amour n'est plus une réaction, mais une création soigneusement entretenue, une extase mentale et corporelle prolongée, dont les flammes sont maintenues vives par la stimulation prolongée des organes sexuels et non par la seule jouissance réciproque. En ce sens, les rites qui accompagnent l'acte sexuel transportent également des charges d'énergie.

Les positions et les contractions internes qui accompagnent l'union tantrique reposent sur cette conception de l'amour sexuel. Mais les conditions de la splendeur interne qu'ils provoquent ne sont réunies que lorsque l'attention érotique passe de la personnification externe et sensorielle du désir à la divinité intérieure dont toutes les femmes sont une manifestation. En ce sens, la satisfaction des femmes est essentielle, puisque c'est seulement dans une telle satisfaction qu'une femme peut conférer à son amant tout son potentiel initiatique. Homme et femme, toutefois, sont la clé d'un ravissement mutuel. Cela ne signifie pas que l'un va perdre de la valeur aux yeux de l'autre. Au contraire, puisque chacun va devenir une divinité aux yeux de l'autre.

3

La divinité intérieure, la connaissance de soi et la voie du Tao

La route de la perfection

Le sexe n'est pas seulement un acte où les corps se rencontrent dans un état plus ou moins grand d'abandon et de plaisir. Ce n'est pas un mot sale non plus. C'est le point de départ de la vie. Nous devons apprivoiser l'énergie sexuelle puissante qui modifie toutes choses.

Souvent, nous nous comportons comme si le corps et le sexe étaient nos ennemis. La perception de notre sexualité, qu'elle soit complète, normale ou inexplorée, est une réflexion véritable sur notre vie.

Quand elle est bien comprise, la sexualité détient les clés qui ouvrent les portes de la connaissance de l'être en général et de notre être intérieur. Ce n'est pas grave si nous avons toujours des réticences à ce sujet ; nous avons toujours la chance d'atteindre une connaissance profonde sur la façon de libérer notre énergie sexuelle à travers divers exercices physiques, cherchant ceux qui conviennent le plus à notre personnalité et à notre style de vie, et qui conviennent également aux partenaires avec lesquels nous avons des relations sexuelles et émotionnelles. Lorsque le corps et l'esprit sont en jeu, nous commençons notre périple vers l'amour complet et total.

Les rites érotiques tantriques

Nous pouvons développer notre énergie sexuelle, seul ou en couple, grâce à différentes techniques : méditation active, visualisations, rites, et grâce à la connaissance de différents symboles, comme les couleurs internes et les centres d'énergies ou chakras.

Cette attitude apporte plusieurs avantages à notre relation. Nous devenons plus proche de notre partenaire, avec le respect qu'il ou elle mérite. En témoignant ce respect, nous révélons une dimension supérieure en lui ou elle, de même qu'en nous-même. Toutes les faiblesses humaines que nous observons quotidiennement chez l'autre disparaissent, au moins durant cet acte sacré et pieux. La relation amoureuse se transforme en stimulation mutuelle pour l'éveil de la conscience.

Lorsque les amoureux s'emploient à créer un espace où chacun est perçu comme une entité supérieure, un type d'énergie se libère qui pourra les aider dans la vie quotidienne.

L'énergie sexuelle augmente quand elle est stimulée par le rituel érotique. C'est la pierre de touche de la transformation tantrique.

Corps et espace sacré

Les partenaires qui ont vécu ensemble pendant longtemps accordent habituellement trop d'attention aux défauts de l'autre. Même s'ils s'aiment l'un l'autre, ils doivent prendre la décision mutuelle de chercher à se comprendre et à ressentir à nouveau l'intensité de la première période de leur relation, surtout s'ils ont perdu un peu de la passion initiale. La force du rituel sexuel peut les aider à y parvenir.

La première chose qu'un couple doit faire, c'est d'entrer dans un espace-temps sacré, ce qui est beaucoup plus important que de simplement prévoir du temps ou décorer la chambre avec des fleurs. Cela nécessite d'entrer dans un espace-temps unique — un endroit intérieur où il n'y a ni passé ni futur, un endroit où tout converge. Cet endroit magique est créé dans l'esprit, dans la conscience que quelque chose d'extraordinaire est sur le point de se produire.

Pour le dire en termes simples, c'est comme entrer dans un lieu où doit se tenir un rituel, tout en étant conscient que l'on entre dans un endroit magique où c'est l'ici et le maintenant qui comptent — de telle sorte que nous avons laissé nos problèmes à la porte, de même que nos préoccupations et souvenirs.

Dans cet espace, nous approchons le corps de notre partenaire comme si nous approchions d'un sol sacré. Le corps doit être lavé, purifié et parfumé en reconnaissance de sa beauté et de sa dimension transcendante. Les deux corps et les deux amants sont l'expression de la divinité. En s'aimant l'un l'autre, ils s'unissent dans la vie et libèrent l'énergie.

4

La déesse et la voie du cœur

Éveillez le plaisir de la déesse et vous pourrez enflammer son cœur

« Il n'y a pas d'autres moyens d'ouvrir son cœur
que la manière féminine.
Il n'y a pas d'hier, de maintenant ou de demain,
ni d'autre fortune que la femme, ni d'autre royaume,
pèlerinage ou yoga,
ou prière, ou formule magique,
ni d'autre satisfaction que celle que la femme procure. »
– Shaktisangama, Tantra. Au-delà de l'orgasme

Éveiller la déesse

Faire l'amour est une expérience incomparable, que ce soit sur le plan des sensations ou des émotions qui révèlent notre for intérieur. Cette expérience est intimement liée au jeu érotique.

L'énergie féminine interne amorce ce jeu, tandis que l'énergie masculine excite et provoque le désir sexuel.

En contraste direct avec les animaux, les êtres humains manifestent une dimension érotique et sont capables de dissocier la fonction sexuelle de l'instinct de reproduction. S'avançant même un peu plus, les tantrikas croient en la possibilité et la liberté de choisir le moment du plaisir.

Chez les débutants, l'insatisfaction sexuelle apparaît dans un couple parce que l'orgasme est seulement un début pour la femme, tandis que l'éjaculation annule l'érection masculine et interrompt l'excitation féminine. Ces différences démontrent que la femme a besoin d'une stimulation qui dépasse le simple aspect génital, puisque le premier orgasme n'est pas suffisant pour vraiment la satisfaire.

La question qui se pose alors est : que faut-il faire pour maintenir le plaisir de la femme au-delà du premier orgasme ?

Les pôles du plaisir infini

La femme possède deux pôles sensibles chargés d'énergie sexuelle. Dans la philosophie tantrique, le pôle Nord est le clitoris, le point le plus accessible et de loin le seul reconnu. Le pôle Sud est plus profond et se nomme point sacré. Certains sexologues le nomment point G.

Le clitoris forme un genre de cloche dans la partie supérieure de la vulve. C'est le seul organe dans le corps dont la fonction est de générer du plaisir. Même si la tête du clitoris est petite, la plupart des femmes peuvent facilement l'atteindre et le stimuler. Elles peuvent aussi le stimuler avec le membre viril à titre de préliminaire à la pénétration.

Mais trouver le point sacré demande un tel sens du toucher qu'il est difficile pour la femme de le trouver par elle-même. Si vous le trouvez, vous serez capable de libérer le potentiel sexuel et spirituel féminin, qui agit alors comme un pouvoir de guérison.

Certaines femmes ont été capables de trouver ce point par elles-mêmes, en pressant deux doigts à l'intérieur du vagin en montant vers le nombril, tout en pressant avec l'autre main vers le bas juste au-dessus de l'os pubien. Si une femme parvient à stimuler ou masser cette région, le point va gonfler et peut devenir palpable pour son partenaire. Cependant, pour la plupart des femmes, cette partie du processus d'éveil requiert le doigté de leur partenaire, qui doit être prêt à respecter la nature psychologiquement et physiquement vulnérable de ce site. C'est pourquoi la discipline tantrique transmet des connaissances facilement assimilables sur le plaisir féminin et les pôles de l'extase.

Le point sacré, tel qu'il est connu par les tantrikas, est situé profondément dans le vagin et est davantage protégé que le clitoris. Le trouver et le stimuler procure le plaisir le plus intense qui puisse être connu. Pour y arriver, un couple doit faire preuve de patience et de dévotion.

Si la femme n'a pas connu d'expérience sexuelle positive, cette région doit être caressée très doucement et prudemment. Petit à petit, le couple apprendra à stimuler le point sacré, ce qui apportera un bien-être physique et spirituel qui transcende l'aspect sexuel. Il est très important pour le couple de surmonter ses inhibitions et d'apprendre à enflammer le feu intérieur qui nourrit l'esprit résidant en chacun de nous. De cette façon, les amoureux seront capables de purifier leurs expériences négatives.

Une femme doit connaître son corps et explorer le domaine de son plaisir sans culpabilité, afin qu'elle puisse dire à son partenaire ce dont elle a vraiment besoin. Avoir une relation satisfaisante augmente l'estime de soi et procure de la vitalité et de l'enthousiasme.

Le plaisir de la déesse

Le tantra attache une importance primordiale à l'amour et à la sexualité. L'acte sexuel est un rituel sacré qui cherche à arrimer les énergies physique et spirituelle d'une personne. Cela se traduit dans le nom donné aux organes : *lingam* pour le sexe masculin, ce qui signifie « flèche lumineuse », et *yoni* pour le sexe féminin, qui se traduit par « espace sacré ».

Dans le tantra, la conscience spirituelle est intimement liée à l'éveil de la déesse, qui détient la puissance de l'énergie créatrice universelle. Le pouvoir détenu par l'énergie féminine est si puissant qu'il échappe parfois au contrôle. C'est pourquoi le tantra recherche, dans l'acte sexuel, le plaisir de la femme comme une forme d'extase et une forme de croissance pour chacun des partenaires.

Afin d'atteindre ce plaisir suprême, il faut trouver le point sacré de la femme. Il faut pour cela de la patience et de l'expérience. Apprendre à se connaître peut nous apporter de nombreuses satisfactions, dans notre sexualité et dans notre vie en général. Mais peu de femmes connaissent leur véritable intensité parce que, pendant des siècles, la sexualité a été un sujet tabou. De nombreux hommes et de nombreuses femmes vont connaître le sexe avec un certain degré de culpabilité et d'irrévérence. C'est peut-être pourquoi la plupart des couples ne connaissent pas ou ne partagent pas leurs besoins, ce qui les empêche de se comprendre mutuellement.

De nombreuses personnes ne sont pas sensibles aux voies du plaisir et ont tendance à croire que tous les instruments de la sexualité sont visibles. Mais si la femme parvient à trouver son point sacré, elle pourra connaître des orgasmes explosifs. Cette sensation incontrôlable, et le pouvoir de transformation qu'elle renferme, peuvent engendrer un certain niveau de crainte si la femme n'est pas prête à connaître une telle intensité.

Peut-être que l'incapacité à gérer ses instincts primitifs a conduit la femme à les refouler, tandis que les hommes sont effrayés de ne pas pouvoir maîtriser une telle force écrasante. Nous devons nous stimuler et nous motiver mutuellement pour éveiller l'énergie qui sommeille dans nos corps, afin de toucher l'énergie véritable de l'univers.

Le pouvoir du plaisir réside déjà en vous – il ne vous reste qu'à choisir d'être conscient de vos possibilités divines.

5

Espace sacré et techniques de méditation

La méditation dans la libido

Lorsque nous évoquons le mot *méditation,* nous pensons habituellement à un gourou ou un yogi se tenant dans une posture immobile pour sa vie entière. Rien n'est plus éloigné de la vérité : il y a des techniques de méditation qui sont statiques, mais il y a en d'autres qui sont réalisées en mouvement.

Qu'est-ce que la méditation peut nous apporter ? Tout d'abord, c'est un instrument d'autoconnaissance et de relaxation. Elle peut nous permettre de concentrer nos énergies sur l'ici et le maintenant, sur le moment présent, sur l'espace-temps que nous dédions à l'amour sacré.

En résumé, la méditation est un outil qui nous permet de nous brancher davantage sur les dimensions sacrées de l'extase.

Une séance de méditation

La façon la plus simple et la plus classique de s'initier à la pratique de la méditation est d'apprendre à relaxer et à se concentrer sur sa respiration. Examinons la méthode suivante.

Asseyez-vous confortablement, le dos droit. Vos mains doivent reposer sur vos cuisses, près de vos genoux, ou toutes les deux sur vos genoux, les paumes tournées vers le haut, la main gauche sous la main droite. Vos épaules doivent être détendues, sans tension inutile dans le visage ou le cou.

Inspirez en soulevant légèrement les épaules et laissez-les retomber en expirant. Répétez trois ou quatre fois. Vous remarquerez comment votre poitrine se dilate lorsque vous l'ouvrez pour respirer.

Observez alors comment l'air caresse vos lèvres et comment vos narines s'ouvrent et se pincent un peu lors de l'inspiration et de l'expiration.

Concentrez-vous sur l'air qui entre dans votre narine droite ; observez si la température de l'air est différente de celle qui passe par la narine gauche.

Est-ce que l'air a une couleur ? Quelle couleur suggère-t-il ? Quelle couleur suggère l'air qui passe par votre narine droite ? Quelle est celle que suggère l'air qui passe par votre narine gauche ? Où se rend l'air ?

Nous utilisons toujours nos yeux pour observer ce qui se trouve à l'extérieur — mais nous regardons maintenant à l'intérieur. Nous observons comment l'air pénètre petit à petit — est-il dense ou subtil ? Est-il comme une lumière chaude qui remplit progressivement les poumons ou est-il comme le tonnerre qui éclate ?

Remarquez comme vous vous sentez bien quand l'air emplit votre poitrine en entier. Vous remarquez qu'il y a de la vie en vous. Lorsque vous êtes calme, l'air tiède relaxe et dilate votre poitrine.

Le plus important est de demeurer dans le calme de votre être intérieur, observant ce qui se passe en vous et à l'extérieur de vous, tel un témoin du tout.

La respiration profonde

La respiration profonde consiste à remplir ses poumons en gonflant l'abdomen, de façon à obtenir une respiration complète et correcte.

Pour apprendre à respirer correctement, il est pratique de se coucher sur un matelas au sol. Le matelas ne devrait pas être trop mou. Assurez-vous de ne pas être dérangé pendant quinze à vingt minutes.

Prêtez attention à vos pensées et laissez-les passer comme des nuages — ne vous arrêtez sur aucune d'entre elles. Après quelques minutes de relaxation, placez une main sur votre poitrine et l'autre sur votre abdomen. Expirez doucement par le nez tout l'air contenu dans vos poumons.

Essayez de garder vos poumons vides pendant quelques secondes, puis, inspirez lentement en gonflant seulement votre abdomen jusqu'à ce que vous ayez rempli complètement la partie inférieure des poumons. Sans faire d'effort particulier, vous sentirez que le diaphragme se tend vers le bas pour emplir d'air les parties inférieure et médiane de vos poumons.

Tout en expirant, profitez-en pour vider votre esprit de toute pensée — imaginez que toutes vos tensions et vos émotions sortent également de vous. Contractez l'abdomen et continuez d'expulser l'air graduellement.

Répétez le processus pendant un minimum de dix minutes.

Lorsque votre esprit sera débarrassé des soucis et des contraintes, et que votre corps sera revitalisé par l'apport d'oxygène, vous serez en meilleure posture pour concentrer votre attention sur l'ici et le maintenant du sexe sacré.

6

Le pouvoir du mental dans le Tao de la magie sexuelle

Les profondeurs du plaisir

Lorsque vous laissez vos doutes derrière vous, vous êtes en mesure de voir votre âme s'étendre, dénuée d'intérêt. Les dieux souriants se tiennent sur le côté de la route pour vous accueillir. Lorsque vous touchez le ciel avec vos mains et que votre cœur survole la terre, votre existence entière prend une signification profonde et nouvelle.

Pour activer l'énergie sexuelle, nous avons déjà évoqué les techniques suivantes :

Relaxation
Respiration profonde
Méditation

Une autre technique est efficace et utile : il s'agit de la visualisation érotique. De plus, vous pouvez développer votre capacité à concentrer votre énergie sur votre cœur.

Visualisation érotique

Dans un état de grande relaxation, dans un état presque méditatif en fait, commencez à visualiser le corps de votre partenaire avec les yeux de l'esprit. Imaginez-le avec le plus de détails possibles.

Ensuite, imaginez comment vous pouvez lui donner du plaisir, quelles zones érogènes vous devriez stimuler et comment vous voudriez le faire pour que votre partenaire puisse atteindre l'extase.

Prenez quelques moments pour visualiser calmement, et en détail, chaque étape que vous voulez franchir pour satisfaire votre partenaire, comment son corps réagit et ce à quoi il ressemblera au moment de l'extase.

Vous remarquerez qu'une connexion interne s'établit et vous excitera à votre tour. Vous sentirez un désir profond d'enlacer votre partenaire pour faire l'amour le plus vite possible. Mais si vous le faites, toute la stimulation et la préparation préalables seront perdues.

Pour un homme, la chose la plus importante est de contrôler l'éjaculation et de partager la magie de l'énergie sexuelle d'une manière prolongée avec sa partenaire.

Les flammes du cœur

Tout en maintenant le contact sexuel et en prolongeant l'extase, concentrez votre attention sur l'éveil de l'énergie dans le centre de votre cœur, une énergie extrêmement puissante.

Trois rayons spirituels très importants se concentrent dans le cœur, diffusant une luminosité différente ;

1. Lumière rose, qui est liée à l'amour inconditionnel.

2. Lumière bleue, qui est liée au pouvoir de création.

3. Lumière jaune, qui représente la totalité du soi.

Un rite d'amour, de puissance et de sagesse

Nue (ou nu) devant votre partenaire, demeurez dans un état de relaxation. Essayez de visualiser une flamme qui contiendrait les trois lumières mentionnées plus haut dans votre cœur. Vous remarquerez que cette triple flamme projette une lumière vers le cœur de votre partenaire comme s'il s'agissait d'une torche.

Votre partenaire et vous devez accomplir simultanément cet exercice, visualisant l'autre enveloppé dans ces trois couleurs émanant du cœur. Si la visualisation de ces couleurs vous apparaît difficile, observez tous les deux une véritable flamme avant d'accomplir le rituel et vous serez capables d'observer les trois couleurs et la lumière qui irradient.

Imaginez ensuite la même flamme ou la chaleur ardente qui jaillit du cœur et qui est reçue par vous et votre partenaire. L'union accomplie de cette manière sera plus puissante et complète, avant et pendant le rapport sexuel.

7

Énergie et mouvement érotique

Le tantra — qui est une forme de yoga dans la tradition hindoue — insiste sur l'importance de connaître comment l'énergie circule à l'intérieur du corps afin d'harmoniser la circulation de cette énergie et de développer son pouvoir.

Le corps est de l'énergie en action, mais pour développer la puissance de cette énergie vitale, nous devons connaître les points où cette énergie se concentre et à partir desquels elle se distribue.

Selon les enseignements orientaux, lorsque ces points, que l'on nomme *chakras,* sont bloqués — que ce soit à cause du stress, de troubles émotionnels, d'inhibitions, de phobies, de crainte du contact, etc. — la vitalité sexuelle d'une personne est gravement compromise.

Qu'est-ce que les chakras ?

Il y a sept centres répartis sur la longueur du corps. Ils sont reliés aux glandes qui contrôlent le fonctionnement normal de ces régions respectives du corps. Lorsque ces centres fonctionnent mal, nous sommes plus susceptibles de contracter différentes maladies qui affectent également nos émotions et notre comportement.

La méditation et la visualisation aident à débloquer ces centres et à harmoniser leurs fonctions. Le centre correspondant à l'énergie sexuelle est celui qui est le plus souvent bloqué.

Comment dégager le centre sexuel

Nous pouvons dégager notre énergie sexuelle au moyen de la localisation, de la relaxation et du mouvement. Plus nous sommes décontractés et conscients de notre flux émotionnel et sexuel, plus nous sommes capables de contrôler notre puissance personnelle et d'apprécier nos relations intimes. Bouger d'une façon douce et harmonieuse les régions du corps où l'énergie sexuelle coule nous aide à prendre conscience de cette énergie et à l'apprécier.

Jouir du rythme érotique

Le rythme du plaisir s'est entrelacé
entre nos jambes dans le mouvement de nos hanches.
Toute la nuit nous nous sommes unis
dans une danse érotique comme dans un rituel.
La douce friction de l'énergie amoureuse
nous a fait luire dans la noirceur.
À notre surprise, nous avons vu le lever du soleil,
tandis que nous projetions notre propre lumière
comme s'il s'agissait de la lune.

Le but de ces techniques est de respecter, approfondir et stimuler les rythmes naturels du corps. À l'aide de différents mouvements accomplis dans un état de relaxation, nous pouvons contrôler et augmenter la vitalité et prévenir en même temps la fatigue musculaire.

Un exercice pour préparer le rythme sexuel

Cet exercice peut être accompli individuellement ou en couple. Il se pratique debout et en marchant.

Tout d'abord, vous devez relaxer votre corps complètement. Concentrez-vous sur votre flux d'énergie tout en combinant les rythmes de la respiration avec les mouvements lents qui utilisent le poids du corps pour déplacer les jambes et les bras dans un mouvement semi-circulaire.

Alors, avec vos jambes écartées et légèrement pliées, faites de petits mouvements afin d'observer les réflexes de chaque muscle et de les connecter avec la respiration et la circulation. Observez également la relation directe qui existe entre chaque muscle et les autres parties du corps qui se détendent ou se contractent pour favoriser le mouvement.

Habituellement, les mouvements d'extension accompagnent l'inspiration, tandis que les mouvements de contraction accompagnent l'expiration. Les mouvements doivent être fluides et continus.

L'objectif est de parvenir à « l'harmonie du corps et de l'esprit » en étant attentif à la respiration et à la manière dont l'énergie circule dans le corps.

Danse et joie : les rythmes sexuels, étape par étape

Les hommes et les femmes ont des tempos sexuels différents. Si vous souhaitez obtenir une connexion amoureuse optimale avec votre partenaire, vous devez expérimenter les différents rythmes, qui passent des rythmes érotiques et torrides à des cadences plus tendres et douces. Vos sensations doivent se mettre au diapason de celles de votre partenaire, jusqu'à ce que chacun soit sexuellement comblé.

Le premier rythme est le désir sexuel

Ce rythme est intimement lié à l'attraction mutuelle entre deux partenaires. Il se caractérise par la séduction que chaque partenaire exerce sur l'autre.

Le second rythme est l'excitation

Ce tempo est spontané et s'exprime habituellement plus lentement chez la femme et plus rapidement chez l'homme. Il repose exclusivement sur le jeu érotique initié par le premier rythme. Il est important de personnaliser votre ardeur pour stimuler les zones érogènes de votre partenaire.

Le troisième rythme est le rythme orgasmique

Ce rythme est le résultat des deux précédents. Tout comme dans une danse, les amants maintiennent une énergie érotique dans un enlacement à la fois instinctif et émotionnel. Cette phase concentre le mystère de l'extase du rythme sexuel.

Le quatrième rythme est le couronnement

À ce niveau, survient une explosion infinie qui transcende les limites de la satisfaction physique et éveille un sentiment indescriptible chez les amants. Ce jaillissement, cette extase explosive, ne peut survenir que dans un abandon mutuel qui suit les rythmes de l'amour. Lorsque chaque amant s'adapte à la réponse sexuelle de l'autre, l'acte sexuel ne se conclut pas avec l'orgasme — c'est plutôt le contraire : après une délivrance temporaire, ces techniques rallument le plaisir sexuel.

Un jeu de miroirs

Les amants peuvent accomplir l'exercice du *jeu de miroirs,* qui les aidera à ressentir les sensations de leur partenaire. Cette technique vise à polir vos perceptions, de façon à ce que vous puissiez apprécier votre partenaire comme source de plaisir.

1. Les amants échangent les rôles sexuels, par consentement mutuel. Cet exercice repose sur l'imitation des mouvements qui s'accomplissent naturellement au cours des ébats amoureux. Tout d'abord, l'un des partenaires joue le rôle actif et l'autre l'imitera. Cette technique d'imitation est la même qui est utilisée pour apprendre à danser.
2. Ce qui est merveilleux chez l'être humain, c'est qu'il peut apprendre des choses en faisant l'amour, qu'il peut tirer des leçons de ses différentes expériences créatives et jouissives. On peut obtenir des résultats épatants en pratiquant cet exercice une fois par semaine, puis une fois par mois.

Le couple qui trouve un rythme sexuel unique transforme le sexe en véritable art d'aimer.

8

Danse érotique

Préparation à la danse érotique

Se préparer à la danse érotique demande environ une heure et se déroule en quatre étapes. Il est important de faire jouer une musique forte et vibrante, mais sans paroles, afin d'éviter les associations mentales et les souvenirs. Le but de cet exercice est d'induire un silence mental.

Première étape

Pendant dix à quinze minutes, détendez-vous et laissez bouger ou frémir votre corps. Libérez-vous de toutes inhibitions. Sentez comment l'énergie monte de vos pieds à travers votre corps.

Détendez votre tête et laissez-la bouger où bon vous semble. Cela peut être fait les yeux ouverts ou fermés.

Seconde étape

Pendant dix à quinze minutes, dansez spontanément, comme si vous étiez un enfant. Laissez votre corps vous conduire dans ce rythme spontané.

Troisième étape

Fermez vos yeux et demeurez immobile, que vous soyez assis ou debout. La chose importante est de prendre conscience de tout ce que vous ressentez dans votre corps, que ce soit de l'impatience, du calme, des picotements ou de l'excitation.

Quatrième étape

Doucement, les yeux fermés, remarquez le flux de votre énergie vitale après le mouvement. Respirez encore plus lentement jusqu'à ce que vous ressentiez l'extase complète dans cette danse naturelle de votre corps.

Si la danse est exécutée en couple, les amants doivent idéalement coordonner leurs rythmes. Ils peuvent se toucher mutuellement, puis avec leurs jambes éloignées, ils doivent bouger doucement leurs hanches dans un rythme mutuel.

9

L'orgasme volcanique

Nous avons déjà exposé différents éléments permettant d'obtenir un rapport sexuel et spirituel intense. Toutes ces méthodes sont des étapes qui nous permettent de nous accorder avec nos propres rythmes et ceux de notre partenaire. Ces étapes nous conduisent également à un orgasme explosif.

Avant de connaître l'orgasme volcanique, il est très agréable de masser doucement votre partenaire avec une lotion ou une crème hydratante dans le bas du dos, de chaque côté de la colonne vertébrale et à l'intérieur des bras et des jambes.

Chez les hommes, la surface centrale des pieds est particulièrement sensible. Le foie, qui contrôle et libère le sang supplémentaire requis pour l'érection, profite de cette stimulation.

Comment provoquer l'éruption

Pour parvenir à l'équilibre, l'homme doit prendre les fluides féminins. La discipline sexuelle taoïste enseigne aux hommes « la grande libération des trois sommets ». Cela signifie que l'homme doit absorber les sécrétions des lèvres et de la langue de la femme, de sa poitrine et de son vagin ou de son mont de Vénus. L'homme doit lécher ces sécrétions parce que, selon les taoïstes, elles sont très saines. L'homme doit utiliser sa langue pour stimuler la bouche de la femme, sa poitrine, la partie supérieure de son bassin et l'intérieur de son vagin.

Comment reconnaître les signes de satisfaction sexuelle chez la femme

Les adeptes du Tao de l'amour stipulent qu'il est possible de reconnaître le degré de plaisir chez la femme en observant les « cinq signes ». Si un amant porte attention à chacun d'entre eux, il saura comment faire la bonne chose au bon moment.

1. Quand le visage de la femme rougit et que sa température corporelle augmente, son partenaire doit commencer à jouer tendrement.
2. L'homme devrait pénétrer la femme quand il remarque que ses mamelons sont durs et que des gouttelettes de sueur apparaissent autour de son nez.
3. S'il remarque une sécheresse dans sa gorge et sur ses lèvres, il doit s'enfoncer plus vigoureusement.
4. Lorsque la lubrification de la femme devient glissante, l'homme doit accomplir l'explosion profonde. Il doit continuer à bouger son bassin pendant que dure la pénétration et ne pas arrêter. Il doit presser tendrement le corps de la femme contre le sien, mais en insistant toujours plus.

5. Le dernier signe sera la sécrétion d'un fluide visqueux sur les cuisses de la femme. Cela indique qu'elle a atteint le point culminant de l'éruption orgasmique. À ce moment, l'homme doit commencer des exercices de respiration pour retenir son éjaculation plus longtemps, ce qui rendra possible d'essayer différentes positions dans la quête du plaisir céleste.

10

Le corps et ses couleurs

Le Tao du sexe et ses couleurs

Si vous remplissez votre vie avec les couleurs appropriées, vous serez capable de modifier vos sentiments et vos perceptions, et de bonifier grandement chaque expérience sexuelle.

Sexe et couleurs

Les rites sexuels utilisent depuis longtemps des éléments de soutien — des bougies de différentes couleurs jusqu'aux vêtements dédiés, dont les couleurs, textures et styles varient selon la nature du rituel.

Rien n'échappe au pouvoir des couleurs de l'arc-en-ciel. Dans notre quotidien, nous passons habituellement un temps considérable à choisir les couleurs qui revêtiront les murs de chaque pièce de notre maison et nous reconnaissons l'énergie émise par les couleurs des cristaux et des pierres qui brillent dans les boucles d'oreilles et autres bijoux.

La discipline de la chromothérapie étudie l'impact des couleurs sur les gens. En utilisant certains de ses résultats, il est possible de rétablir le pouvoir naturel de nos centres d'énergie en visualisant des couleurs spécifiques ou en utilisant un éclairage particulier, tout en choisissant les couleurs qui renforcent et revitalisent nos zones érogènes.

« Rien n'est vrai ou faux — cela dépend de la couleur des verres à travers lesquels vous regardez », dit un proverbe espagnol qui sonne bien juste. Les couleurs ne sont rien d'autre que des rayons lumineux réfléchis ou émis par les objets que nous voyons. Cette radiation lumineuse peut exercer un pouvoir de guérison en influençant les différents canaux d'énergie de notre corps.

De la même façon, travailler intérieurement et extérieurement avec des couleurs modifie notre disposition d'esprit et les « ondes » que nous émettons.

Les couleurs et leurs effets

Jaune

Le jaune est un stimulant naturel des émotions. Il aide à harmoniser les souhaits et les désirs, et à les réaliser.

Bleu

Le bleu est une couleur froide qui apaise l'anxiété et aide à contrôler les attirances sexuelles de nature obsessionnelle.

Blanc

Le blanc est utilisé dans les rites de purification et est lié à la propreté qui devrait précéder une relation sexuelle ou une union amoureuse.

Bleu marine

Le bleu est un grand activateur spirituel. Il magnétise l'entourage des gens, suscitant des états de calme, de protection et de sécurité.

Gris

Couleur neutre par excellence, le gris est utile pour créer des ambiances qui favorisent une compréhension objective de ce qui se produit autour de nous.

Brun

Le brun est associé à la persévérance et à la patience de ceux qui nous aident à croître spirituellement.

Orange

L'orange a un effet apaisant qui agit directement sur le système nerveux central et augmente notre concentration.

Noir

Le noir absorbe la lumière. Il est associé à l'énergie féminine et au côté sombre du symbole du Tao, mais ses effets peuvent varier selon la manière dont il est utilisé.

Rouge

Le rouge symbolise la puissance sexuelle. Il favorise l'érotisme et procure force et endurance. Il oxygène le sang et élimine ses toxines.

Rose

Le rose protège l'amour dans les rapports sexuels et trace un pont entre l'amour et la passion érotique.

Vert

Le vert est lié à la nature et à l'énergie vivante. Ces vibrations hypnotiques apportent le calme au corps et à l'esprit.

Violet

Le violet est la manifestation de l'esprit. C'est pourquoi cette couleur est utilisée pour transformer les émotions et les pensées négatives.

Plaisir multicolore

Lorsque vous pensez à deux amants, vous ne les imaginez jamais vibrer en noir et blanc. Quelle couleur vous excite ?

Les couleurs produisent une vibration d'énergie qui agit à différents niveaux, mais l'art d'aimer requiert plus qu'un simple jeu avec les couleurs. L'apogée du plaisir est accentué par une variété de couleurs qui sont ressenties uniquement par ceux qui veulent bien connaître leurs différentes nuances.

Couleurs et libido

Les couleurs évoquent des humeurs et des émotions qui sont directement liées à des buts psychiques concrets. Cela entraîne clairement un effet physiologique. Que nous ayons des problèmes avec notre partenaire par panne de désir ou parce qu'il n'y a pas une grande chimie sexuelle, nous pouvons utiliser différentes couleurs pour augmenter le plaisir à son maximum.

L'usage le plus courant consiste à utiliser des couleurs dans le décor. Par exemple, pour favoriser les moments de plaisir, vous pouvez utiliser un éclairage coloré dans la chambre. Le rouge symbolise la passion, la vitalité et la force. L'orange est une source d'énergie apaisante et est utile pour résoudre les problèmes de communication. Il améliore également le lien physique. L'utilisation de différentes nuances de rouge et autres couleurs vives dans la lingerie accentue les formes féminines.

Impact visible

Nous devons être particulièrement attentifs quand nous nous préparons pour un rituel amoureux — vêtements, maquillage et autres accessoires que nous désirons porter avant de faire l'amour. Certaines combinaisons de couleurs continuent d'agir de façon subliminale dans l'esprit de notre partenaire après l'intimité.

Ces couleurs créent le même magnétisme que celles qui sont utilisées pour diriger le trafic urbain. Ce sont des couleurs qui doivent se démarquer de notre décor pour attirer l'attention de notre partenaire sur notre corps et les enjeux du moment. Voici certaines combinaisons gagnantes :

Noir et jaune
Vert et blanc
Rouge et blanc
Bleu et blanc

Introduire l'une de ces combinaisons de couleurs dans un environnement où un rapport peut survenir augmentera l'impact visuel. Commencez avec la literie et les accessoires. Lorsqu'un couple éprouve des problèmes, le premier impact qu'un changement de décor peut produire est d'éveiller l'intérêt, la curiosité et finalement le désir.

Le cercle intérieur et ses couleurs

Un être humain est un faisceau d'énergies aussi vibrantes que les couleurs. Si nous avons une relation constructive avec notre partenaire, une technique efficace consiste à se concentrer sur une énergie protectrice avant la relation. Déjà nus, les partenaires peuvent visualiser l'autre entouré d'une spirale d'une couleur particulière, selon l'effet qu'ils souhaitent obtenir.

11

Visualiser les plaisirs divins

Le sexe peut être joyeux,
mais seul l'amour est une vraie merveille

Visualiser les plaisirs divins

Vous pouvez tirer profit de l'énergie infinie de cette visualisation pour connaître un plaisir qui dépasse ses limites connues.

Première étape

Relaxez complètement votre corps et concentrez-vous sur votre respiration jusqu'à ce que vous atteigniez un état de sérénité parfait.

Seconde étape

Imaginez une lumière blanche qui entre par votre tête.

Troisième étape

Visualisez les centres d'énergie du corps, avec leur couleur respective, comme des faisceaux lumineux qui ouvrent et libèrent tout ce qui était bloqué.

Quatrième étape

Remarquez comment tous ces centres communiquent les uns avec les autres et terminez l'exercice sur le sentiment apaisant qu'apporte l'harmonie de chaque couleur.

Si vous pratiquez cet exercice quelques minutes chaque jour, les changements seront instantanés et l'état général de votre corps s'améliorera grandement. Vous serez capable d'observer un changement dans votre relation de couple au niveau émotionnel et sexuel.

Lorsque vous éveillez votre énergie interne, l'expression du plaisir est complète et sans limites.

12

Comment atteindre le cœur de l'extase

Certaines règles du Tao de l'amour et du sexe

Faire l'amour est l'un des exercices les plus bénéfiques et les plus salutaires pour le corps humain. Comme un sport, il demande un entraînement personnel et apporte les mêmes bénéfices : il sculpte les muscles abdominaux, il augmente la capacité respiratoire, améliore la circulation sanguine et la production d'hormones.

Un livre érotique datant de la dynastie Ming enseigne qu'un homme doit pénétrer une femme 1 200 fois afin d'atteindre la satisfaction véritable. Cela correspond environ à quarante minutes d'ébats. Du point de vue de l'éducation physique, cela devrait garder n'importe qui en bonne forme.

Les contacts amoureux et la communication sont d'une importance vitale pour tous les êtres humains. Le bonheur et le bien-être qui découlent d'une relation sexuelle sont presque impossibles à retrouver dans d'autres activités. Les caresses et les mots tendres sont des instruments d'une relation harmonieuse dans le couple. Le Tao de l'amour fait les recommandations suivantes :

1. Avant de faire l'amour, il faut créer une ambiance propice aux ébats.
2. Relaxez, faites le vide, puis concentrez-vous uniquement sur les caresses et les encouragements.
3. Stimuler paisiblement les zones érogènes de votre partenaire que vous encouragerez à faire de même.
4. Changez de position toutes les dix minutes.
5. La fréquence hebdomadaire des rapports peut varier, mais il ne doit y avoir qu'une seule éjaculation pendant ces sept jours.

13

Se préparer au vrai Kama-sutra

Le sens véritable du Kama-sutra

Le Kama-sutra a été rédigé en Inde entre le IIIe et le Ve siècle. On attribue sa rédaction à l'érudit Vatsyayana. Le Kama-sutra combine les techniques sexuelles taoïstes glanées dans des livres de chevet chinois et les méthodes de séduction décrites par le poète latin Ovide. Le Kama-sutra met davantage l'accent sur l'amour (qu'il distingue du désir et de la passion) que ne le faisaient Ovide et les Chinois. Vatsyayana interrompt souvent ses descriptions des techniques sexuelles et de séduction pour rappeler que les règles ne s'appliquent pas aux gens amoureux, qui n'ont qu'à se laisser aller et à suivre leur instinct.

La plupart des gens n'associent le Kama-sutra qu'à des positions multiples pour faire l'amour, un mélange de pornographie et d'acrobatie. En Orient, la signification véritable du Kama-sutra est très éloignée de cette pure gymnastique.

Dans la perspective du Tao de l'amour et du tantra, chaque union sexuelle est sacrée et reproduit l'acte de création fondamental : l'union des principes cosmiques masculin et féminin, union qui est la cause de l'univers matériel. Le contact sexuel, aussi banal semble-t-il, est sacré et cosmique, même si les gens qui le pratiquent n'en ont pas conscience.

Le Kama-sutra enseigne une série d'*asanas*, qui sont des postures de yoga ayant un sens rituel. Il vise à « diviniser » le couple et sa sexualité. Sans cette composante spirituelle, le Kama-sutra perd sa signification rituelle.

Le but des postures n'est pas seulement de connaître la volupté, mais aussi de favoriser la méditation en tant que couple. Certaines positions permettent au couple de prolonger l'union sexuelle pendant une heure ou deux sans avoir besoin de bouger beaucoup, comme pour ne pas déranger le processus de divinisation de l'acte sexuel. Le niveau de confort est souvent tel qu'il permet une relaxation physique et mentale complète qui entraîne les amants dans différents niveaux de conscience.

Les asanas favorisent également les échanges d'énergies magnétiques et vitales, et facilitent le contrôle de l'éjaculation. En ce sens, le tantra évite, du moins au début, la position la plus utilisée en Occident, la fameuse « position du missionnaire » (*uttana bandka* en sanscrit), où l'homme repose sur la femme. Cette position, selon les sages, ne facilite pas la rétention séminale.

Le pourquoi des postures

Essayons de comprendre le pourquoi des postures à l'aide d'un exemple. Commençons par inverser la position du missionnaire en plaçant la femme sur le dessus. L'avantage de cette variante est que la femme (qui représente la déesse) peut initier et diriger les mouvements. L'homme, pour sa part, même s'il est davantage immobile, sera plus apte à relaxer et à s'abandonner.

Cette posture permet aussi une union inverse, au cours de laquelle l'homme adopte la position tenue traditionnellement par la femme, en étant couché sur le dos les jambes écartées. La femme, à son tour, joue le rôle typique du mâle et garde ses jambes serrées. De cette façon, l'homme peut s'identifier avec l'énergie féminine et comprendre davantage sa partenaire.

14

Le Kama-sutra : l'art d'aimer

Philosophie du Kama-sutra

Le Kama-sutra prévient que même s'il enseigne les manières d'atteindre et de susciter un plaisir plus grand, c'est l'harmonie qui garde un couple soudé.

Cette harmonie surgit quand un homme et une femme vivent comme un seul corps et une seule âme. De cette façon, leur union sera un exemple pour tous ceux qui les connaissent et ils seront heureux dans ce monde et dans l'autre.

La raison principale de la séparation maritale, et la cause majeure d'infidélité, est la perte du plaisir, ce qui entraîne l'ennui et la monotonie dans la vie sexuelle d'un couple.

Les soixante-quatre

Soixante-quatre *(Chatushshashti)* est le nom de la partie des écritures sacrées qui traite de l'union sexuelle. Plusieurs disent qu'elle est ainsi nommée parce qu'elle contient soixante-quatre chapitres, mais d'autres disent qu'elle contient huit parties qui se subdivisent en huit autres. Voici les huit parties principales :

1. La caresse
2. Le baiser
3. L'égratignure
4. La morsure
5. L'union sexuelle
6. Les cris érotiques
7. La femme qui joue le rôle de l'homme
8. L'union orale

Vatsyayana croit que ce nom est le résultat d'une coïncidence et de la coutume, puisque les Soixante-quatre contiennent plus de huit sections, comme le comportement de l'homme durant l'amour et les différentes méthodes d'union sexuelle.

Voici un exemple. Le premier sujet traité est l'étreinte. Ce contact physique traduit le bonheur de l'homme et de la femme unis dans l'amour. Selon les anciennes écritures, il existe quatre types d'étreinte.

La forme élémentaire est l'étreinte par frôlement. Elle survient quand un homme ressent une impulsion et cherche à toucher le corps de la femme avec le sien.

Lorsqu'une femme se penche pour ramasser un objet au sol et que ses seins effleurent le corps de son amant qui les caresse en retour, on parle d'étreinte par pénétration. Ces deux types d'étreinte sont l'apanage des amants qui ne sont pas sûrs de leurs sentiments et de leurs intentions l'un envers l'autre.

Si deux amants marchent dans un agréable jardin ombragé et que leurs corps se frottent doucement, on parle d'étreinte par friction.

Finalement, quand un des amants se presse avec vigueur et passionnément contre le corps de l'autre, on parle d'étreinte par pression. Ces deux dernières formes sont l'apanage des amants qui ont succombé aux plaisirs du Kama et qui veulent naviguer ensemble sur les eaux tumultueuses du désir.

Les règles de vie

Les règles de vie, qui ont été établies par le Seigneur des êtres lorsqu'il créa l'homme et la femme, sont *Dharma, Artha* et *Kama.*

Le Dharma concerne l'obtention du mérite religieux. Toutes les lois qui se réfèrent à la vie religieuse font partie du Dharma.

L'Artha concerne les biens matériels, tels les terres, les biens immobiliers, les bijoux et l'argent. Que quelqu'un amasse de grandes richesses ou finisse sa vie dans la pauvreté dépend de son observation de cette discipline.

Finalement, il y a le Kama, qui concerne tout ce qui touche à l'amour, au désir, au plaisir et à la sexualité. Le Kama-sutra est un recueil de proverbes amoureux. En Inde, tout homme doit lire le Kama-sutra avant de se marier.

L'étude de ces trois règles de vie permet aux êtres humains d'atteindre le contentement et l'harmonie et d'obtenir ainsi le bonheur. Elles doivent être suivies afin que chacun puisse devenir complet. Si l'une de ces trois règles manque, le processus est incomplet.

Pour cette raison, le Kama-sutra n'est pas pur sexe, comme l'Occident semble le considérer, mais il contient également des formules et des règles de comportement que les hommes et les femmes doivent connaître. Il ne s'agit pas seulement de passer maître dans le Kama, mais la connaissance de ces arts permettra à chacun de maîtriser toutes situations, partout et en toutes circonstances.

2

L'amour en acte

15

L'art de la sexualité sacrée et sa pratique

L'union

Dans le vaste paysage du yoga, le tantra yoga est l'une des plus anciennes disciplines. Plusieurs soutiennent que le tantra est l'origine de tous les yogas, mais il n'y a pas consensus en la matière. Ce qui est vrai, c'est que les origines de ces traditions hindoues anciennes se perdent dans la nuit des temps.

Le mot *yoga* provient de la racine sanskrite *yug*, qui signifie « union ». Le yoga concerne les unions au sein de l'évolution humaine jusqu'à la complète fusion avec l'entité cosmique ou la divinité. Cette « union » s'apparente à un mélange d'eau et de sucre – séparément, chacun possède ses propres caractéristiques, son goût, sa couleur et son apparence, mais lorsqu'ils sont mélangés, ils perdent leurs différences et nous obtenons de l'eau sucrée ; l'eau a été sucrée et le sucre est maintenant un liquide. Le yoga vise l'unification suprême du microcosme et du macrocosme.

Le tantra est la méthode pratique pour rendre la lumière divine manifeste dans chaque cœur humain et dans le monde matériel. Le tantra ne sépare pas la vie matérielle de la vie spirituelle. Un être humain sans son étincelle divine n'est pas un être complet, et c'est là que réside le plus merveilleux des secrets.

Les exercices du tantra yoga pour une union sexuelle merveilleuse

Le tantra yoga considère l'union sexuelle comme l'union du corps et de l'âme, des principes féminin et masculin, de la sexualité et de la spiritualité. Pour le tantra, le plus important organe sexuel est l'esprit.

Pour vivre une sexualité épanouie, nous devons prêter attention à ses aspects psychologiques puisque l'esprit joue un rôle prépondérant dans les relations humaines, et à ses aspects physiques, comme les exercices de respiration, le yoga, une alimentation appropriée et une bonne attitude.

Plus les gens comprendront ces principes, moins ils auront besoin de consommer de stimulants. La pratique du yoga, ou de n'importe quelle gymnastique taoïste, est un stimulant puissant, gratuit et sans effets secondaires, accepté par la sexologie moderne, qui s'appuie avec confiance sur les exercices anciens développés par le tantra et le taoïsme.

Pratiques anciennes

Nous exposerons ici quelques exercices qui aideront grandement à atteindre la satisfaction sexuelle.

Respiration fondamentale

Placez les mains et les genoux au sol. Pendant l'inspiration, soulevez la tête, arquez le dos vers le bas et faites sortir votre ventre. Pendant l'expiration, arquez le dos vers le haut, abaissez votre tête et rentrez votre ventre. Vous pouvez amener votre bassin près du plancher. La respiration doit être lente et naturelle, accomplie sans efforts, selon le rythme d'expansion et de contraction de l'abdomen.

Alors, en vous concentrant, tournez-vous sur le dos et relaxez. Vous pouvez placer une main sur votre estomac pour mieux suivre les mouvements de votre diaphragme.

Respiration génitale

Placez-vous sur le dos, repliez les jambes en posant les pieds fermement au sol. Commencez la respiration génitale. Cette forme de respiration consiste en de lentes et profondes respirations abdominales au cours desquelles le ventre se gonfle durant l'inspiration et se dégonfle durant l'expiration.

Respiration accroupie

Accroupissez-vous en posant les talons fermement au sol et les paumes de la main ou le bout des doigts devant vous sur le plancher. Les bras doivent se trouver à l'intérieur des jambes. Concentrez-vous sur le mouvement rythmique de la respiration abdominale.

Poussez le ventre durant l'inspiration, puis rentrez-le durant l'expiration. À chaque inspiration, ouvrez vos jambes, en imaginant que vous expulsez l'air par vos parties génitales. Puis, refermez vos jambes pour l'inspiration suivante.

Respiration avec mouvement du bassin

Couchez-vous sur le ventre, vos bras étirés devant vous, les genoux collés au plancher et vos orteils bien fixés au sol. Respirez profondément et lentement avec votre abdomen, goûtant les sensations en poussant votre bassin vers le sol.

Vous n'avez pas besoin de répéter les mêmes exercices tous les jours.

Exercices yogiques tantriques classiques

Voici maintenant quelques exercices supplémentaires qui vous aideront à atteindre le contentement sexuel.

La fleur

Cet exercice raffermit le périnée ou la zone pelvienne qui s'étend de l'anus aux parties génitales. Il est excellent pour tonifier le sphincter anal, prévenant les hémorroïdes et d'autres troubles en activant la circulation, tout en stimulant le système uro-génital. Chez les femmes, il renforce les parois du vagin, prévenant la possibilité de l'anorgasmie. Chez les hommes, il prévient les problèmes d'éjaculation précoce et d'impuissance.

L'homme doit s'asseoir au sol en se tenant le dos bien droit, les mains sur les genoux, paumes vers le haut. Il doit se concentrer d'abord sur sa région anale en contractant son muscle fessier. Il commence avec des respirations qui ne sont pas trop profondes et retient l'air dans sa poitrine pendant qu'il contracte son anus autant que possible. Il doit alors étendre sa contraction anale jusqu'à ce qu'il sente une légère traction dans ses testicules à l'intérieur du scrotum. Pendant l'expiration, il relâche la contraction et relaxe.

La femme doit faire de même, mais doit augmenter la pression jusqu'à ce qu'elle sente une légère traction sur les lèvres de son vagin.

L'étoile

Cet exercice augmente la sensibilité du clitoris (l'étoile) chez les femmes et la puissance de l'érection chez les hommes.

Buvez plusieurs verres d'eau à jeun. Urinez après une heure, stoppant et relâchant le flot d'urine au moins dix fois jusqu'à ce que la vessie soit vide.

Puis asseyez-vous dans la position évoquée à l'exercice précédent en vous concentrant cette fois sur le méat urinaire (le trou où se termine l'urètre). Après un certain nombre de respirations, contractez le méat urinaire comme vous le feriez si vous vouliez stopper le jet d'urine. Puis, relâchez la contraction en expirant lentement.

Dans ces deux exercices, les contractions devraient être répétées aussi souvent que possible avec la même rétention d'air. Cela augmente la pression sanguine dans la région, ce qui amènera une excitation sexuelle modérée.

16

Les joies d'une bonne relation

Comment atteindre l'harmonie sexuelle

Pour les taoïstes, le facteur qui unit vraiment un couple est une relation sexuelle pleinement satisfaisante. C'est pourquoi il est si important de développer une connexion mentale et spirituelle, aussi bien avec son ou sa partenaire qu'avec soi-même.

Les étapes pour atteindre le plaisir

Commencez par stimuler les zones érogènes. Les premières caresses doivent se faire sur les bras et les jambes. Il est recommandé de ne pas commencer avec la zone génitale, parce que cela amène souvent une certaine inhibition sexuelle et fait perdre la chance de tirer l'énergie d'endroits plus stimulants.

Le couple doit commencer par se masser mutuellement les mains, les poignets, les pieds et les chevilles. Passez ensuite aux bras et aux épaules jusqu'à atteindre la poitrine.

Continuez avec les jambes et les cuisses jusqu'à atteindre le ventre.

Si c'est l'homme qui commence, il est important pour la femme de faire la même chose ensuite, parce que ces trajets représentent les méridiens principaux d'énergie.

Les massages peuvent être vraiment excitants, surtout s'ils sont faits avec certains types d'huile ou de crème hydratante. Les amants devraient se concentrer sur une lumière rose pendant qu'ils se massent mutuellement. Ces éléments qui nous permettent de nous surprendre nous-même et de surprendre notre partenaire sont ce qui différencie un couple magique de relations ordinaires.

Selon l'acupuncture, la zone qui permet une meilleure lubrification chez la femme se trouve trois pouces au-dessus des chevilles. Cet endroit favorise l'éveil de la déesse.

Les stimuli sensoriels s'accompagnent de la visualisation du cœur et d'une attention totale au plaisir physique.

Petit à petit et sans aucune pression, un désir de caresser les parties génitales émergera.

Pour la femme, il sera important de stimuler continuellement certains points précis, comme le clitoris ou le point G.

Discipline et concentration permettront à l'homme de retarder l'éjaculation et de maintenir plus longtemps son érection.

17

L'intelligence érotique

L'érotisme est intelligent

Quand une personne touche le corps d'une autre personne, le cerveau reçoit des stimuli sur plus d'un demi-million de récepteurs, qui décodent les informations reçues de l'objet caressé. Pendant les rapports sexuels, notre corps est stimulé en entier. Comment pouvons-nous tirer profit de ces informations érotiques qui sont à notre portée ?

Développer l'intelligence érotique

Pendant les rapports sexuels, la concentration nous permet de reconnaître les différentes textures du corps, qui sont infinies et subtiles. Il y a des espaces qui demeureront inexplorés — doux, rugueux, souples, humides, chauds, froids, fermes, délicats, minces ou épais. Il est important d'ouvrir tous ses sens pour profiter de la créativité érotique.

Se toucher les yeux bandés

Pour affiner le sens du toucher, les amants peuvent pratiquer l'exercice suivant avant de faire l'amour.

Prenez un mouchoir en soie et bandez vos yeux, concentrant toute votre attention sur les caresses que vous faites à l'autre. Explorer mutuellement vos corps avec les yeux bandés développera votre sens de l'ouïe et vous permettra de percevoir des gémissements excitants.

Goûter les saveurs

Il existe environ 10 000 papilles qui servent à différencier les différents goûts. Comment fonctionnent-elles ? Dans la bouche, les papilles gustatives se répartissent comme suit : l'acide est perçu sur les côtés de la langue, l'amer à l'arrière, le salé sur la surface et le sucré au bout. Le corps enregistre différentes saveurs pendant un baiser. Reconnaître chaque sensation apporte une satisfaction plus grande et l'extase pendant les rapports.

Changer de position

Passer d'une position à l'autre pendant l'acte sexuel est très grisant, mais si les amants ne le font pas avec une intelligence érotique suffisante, cela n'est plus qu'une simple gymnastique sexuelle.

Odorat et toucher

Placez les pétales d'une fleur — rose ou jasmin — dans de l'eau ; attendez qu'elles se dissolvent sur vos doigts pour créer instantanément un parfum sensuel. Vous pouvez créer le ravissement chez votre partenaire en le ou la touchant à maintes reprises avec vos mains parfumées.

Goût, audition, toucher et vue

Lorsque les partenaires arrêtent pendant un instant de changer de positions, ils peuvent manger des aliments aphrodisiaques. Ils peuvent manger ces aliments, les observer, les goûter tout en écoutant les bruits qu'ils produisent dans la bouche. De plus, si ces aliments sont placés sur le corps, ils produisent une sensation étrange et stimulante. Les aliments peuvent être variés : miel, crème, chocolat, vin mousseux. Ce qui est important, c'est de vous amuser.

En appliquant votre intelligence érotique et votre créativité dans chaque acte sexuel, vous pouvez tirer parti du plein potentiel de votre cerveau et devenir un véritable *génie* dans l'art d'aimer.

18

Le Tao sexuel et les orgasmes multiples

Orgasmes multiples : le plaisir multiplié

Il est possible de repousser les limites du plaisir et d'atteindre plus d'un orgasme pendant chaque relation sexuelle. Nous révélerons ici les secrets de l'orgasme multiple au féminin et au masculin.

Le désir sexuel peut être suscité de plusieurs manières : involontairement, par des fantasmes ou des images, ou par stimulation directe dans les contacts physiques.

Le premier signe qui annonce qu'une personne est excitée est l'accumulation rapide de sang à la surface du corps, sang qui s'accumule dans les zones érogènes — le pénis, le clitoris et le vagin. Cela produit l'érection chez l'homme et la lubrification vaginale chez la femme.

Pour atteindre le plaisir total, les partenaires doivent entreprendre consciemment une relation sexuelle. Lorsque l'homme reçoit un stimulus sexuel, son corps sécrète une substance qui le détend et qui entraîne l'érection. Il doit apprendre à maintenir un état de relaxation pour éviter de parvenir à l'éjaculation. La femme obtient une meilleure qualité d'orgasme lorsque l'homme réussit à maintenir son érection pendant une plus longue période de temps.

La voie directe pour l'orgasme multiple

Dans le but de multiplier le plaisir, la première étape consiste à se concentrer sur son corps et à se détendre afin de favoriser une chimie parfaite. Avec de l'entraînement, les deux amants seront capables de ressentir comment chaque partie de leurs corps ressent différemment les choses.

Lorsque la peau est stimulée par des caresses, des massages ou des baisers, le corps vibre en entier, comme une seule zone érogène — c'est ce principe qui permettra d'enrichir l'expérience érotique. Il est important de savoir qu'avec une technique appropriée et une connaissance suffisante du corps, les hommes et les femmes peuvent atteindre un état multiorgasmique.

Différentes formes de plaisir

Le mécanisme de l'orgasme peut se résumer de la façon suivante : il s'agit d'une libération explosive d'énergie sexuelle. Cette explosion entraîne une contraction musculaire dans tout le corps et conduit à un état de relaxation complète.

L'orgasme au singulier

L'orgasme unique consiste en une décharge physiologique qui entraîne du plaisir dans un laps de temps précis. Chez l'homme et la femme, il peut être produit par différentes techniques de masturbation, sans l'aide d'un partenaire. Il dure entre deux et dix secondes.

L'orgasme au pluriel

L'état de satisfaction multiorgasmique est généré dans une relation où les partenaires accomplissent la stimulation adéquate de leurs corps. L'expérience de chaque contraction corporelle est multipliée, avec deux ou dix minutes de repos pour l'homme. Chez la femme, l'orgasme peut être considéré comme continu, avec différents niveaux d'intensité et de régularité.

Réaction en chaîne orgasmique

Il s'agit d'une séquence d'orgasmes continus qui se fusionnent pour former un seul orgasme durable, pouvant contenir six à douze orgasmes en continu. Dans un tel état, l'homme n'éjacule qu'à la dernière période de contractions orgasmiques. Une fois amorcé chez la femme, le flux du plaisir ne s'arrête pas. Lorsque la femme contrôle la réaction en chaîne orgasmique, le moment où s'arrêtera le jeu érotique reste à sa discrétion. Le contrôle orgasmique repose sur des aspects psychologiques et émotionnels, à condition que la femme soit capable d'atteindre ce plus haut degré de plaisir.

Période réfractaire

Une période de repos suit l'orgasme — c'est le temps nécessaire à la récupération du corps après une décharge orgasmique, afin qu'il puisse être excité à nouveau. Dans le cas de la femme, cette phase dure entre une et dix minutes, selon la dextérité du partenaire qui pourra la stimuler à nouveau. Chez l'homme, la période réfractaire est plus longue et dure entre quatorze et vingt minutes, selon la motivation que lui procure sa partenaire. La période réfractaire dépend également de l'âge des amants, de leur niveau d'expérience et de leur complicité.

Le plaisir sexuel est illimité lorsque l'esprit est libéré dans la connaissance véritable de tout son potentiel sexuel.

19

Les postures du Kama-sutra

Yoga sexuel

Les postures du Kama-sutra enflamment l'imagination et augmentent le plaisir. Dans les pages suivantes, nous décrirons ces positions.

À la différence des livres de chevet chinois, qui mettent l'accent sur la technique, le Kama-sutra s'attache à classifier les relations sexuelles avec une attention maniaque aux détails et aux postures, tout en laissant une large place à la spontanéité, qui relève du domaine spirituel.

La brouette

Les partenaires se préparent à faire l'amour au bord du lit. La femme appuie ses avant-bras sur le lit, tandis que l'homme la « soulève » par les jambes. Il se tient derrière elle pour la pénétrer tout en la soutenant par les cuisses.

La stimulation et le plaisir sont concentrés dans les parties génitales de l'autre, mais c'est l'homme qui dirige le mouvement, attirant le corps de la femme vers le sien.

Les jambes de la femme peuvent être rapprochées ou très écartées, selon ce que préfèrent les partenaires, qui peuvent choisir de modifier l'angle. La variété de mouvements (circulaire, ascendant et descendant) que permet cette posture est stupéfiante et très excitante. Les sensations sont intenses.

Le hamac

Pour accomplir l'acte sexuel dans cette position, il est préférable que l'homme s'assoie sur une surface solide (pas un lit) avec les jambes repliées, tout en tenant l'arrière de ses genoux avec ses mains. La femme, avec ses jambes entrouvertes, s'empale à son gré dans l'espace disponible entre les jambes et le tronc, tandis que les bras de l'homme enveloppent ses jambes.

L'homme presse ses genoux contre le corps de sa partenaire, la tirant à lui, amenant leur corps dans un mouvement rythmique, tout en lui embrassant les seins qui se trouvent près de son visage. La stimulation des seins est très agréable pour la femme, et cela excite l'homme. La femme, avec son cou penché vers l'arrière dans un geste de soumission, goûte le plaisir incroyable que lui procure son partenaire.

Le moule

Avec ses jambes repliées ensemble vers sa poitrine, la femme est couchée sur le côté et pose sa tête en arrière pendant que l'homme la pénètre, que ce soit par le vagin ou l'anus. La femme qui veut vivre cette expérience du sexe anal sera capable d'intégrer et de transformer son corps en un univers parfait d'amour ; elle pourra profiter de son expérience tout en s'assurant de la qualité et de la quantité d'érotisme.

Ce mouvement doit être tendre et coordonné, et la pénétration profonde et lente. Les deux corps s'imbriquent parfaitement l'un à l'autre, comme le feraient deux pièces de casse-tête. Le fait de coller les jambes ensemble tout en exerçant une certaine pression peut amener une sensation plus vive sur le pénis et une friction agréable du clitoris.

Ce dernier aspect rendra cette position idéale pour les femmes qui ont de la difficulté à atteindre l'orgasme. Elles n'ont plus qu'à se détendre et à profiter de l'expérience.

Le trapèze

L'homme s'assoit les jambes écartées et sa partenaire se place sur lui pour une pénétration lente, se sentant comblée en s'abandonnant à son amant.

L'homme tient la femme par les poignets, tandis qu'ils sentent une joie les envahir. Il penche alors la femme jusqu'à ce qu'elle repose sur le dos. Il est important que la femme demeure détendue et s'abandonne complètement à la force de son amant, qui la tire à lui avec ses bras et la pénètre avec la vigueur requise par leur relation sexuelle.

Cette position combine de nombreux mouvements. Elle demande de l'agilité et un abandon serein de la part de la femme, et de la force et de l'habileté de la part de l'homme. Chacun balance et complète l'autre.

Cette posture est idéale pour dépayser la routine et pour connaître de nouvelles sensations.

Le miroir du plaisir

La femme est couchée sur le dos et lève ses jambes en position verticale, tandis que sa respiration divulgue la joie de sa moiteur et son désir à son partenaire. Elle le laisse alors lui tenir les jambes, tandis qu'il s'agenouille au niveau de ses fesses et qu'il pose sa main libre au sol. Il la pénètre, la maîtrisant et la contrôlant, variant l'angle de pénétration et l'écartement de ses jambes.

Leurs visages ne peuvent s'approcher dans cette position, et les mains de l'homme ne sont pas libres de leurs mouvements, ce qui peut générer une anxiété troublante. Les deux corps font la course à l'orgasme en multipliant les gestes de plaisir, de sensualité, d'affection et d'érotisme.

La libellule

Pour accomplir l'acte sexuel dans cette posture, les partenaires doivent se coucher sur le côté sur une surface souple et confortable, tel un lit ou un sofa. La femme se couche sur le côté en montrant le dos à son partenaire, qui la chevauche par l'arrière. De cette façon, les corps s'imbriquent dans une position idéale pour les couples très affectueux, qui aiment démontrer la tendresse qu'ils ressentent pour l'autre.

Avec un peu d'habileté mêlée à ce grand émoi, la femme replie sa jambe libre et la pose sur le coccyx de son partenaire, ouvrant tout grand la porte du plaisir. L'homme la pénètre en utilisant la jambe de son amoureuse comme un levier érotique soutenant le mouvement de ses hanches.

Les mots doux qu'il peut murmurer à l'oreille de sa partenaire, qui se trouve tout près de sa bouche, accélèrent le trajet jusqu'à l'extase, aidés par des baisers brûlants. La femme, tout en l'écoutant, se laisse emporter par la passion de ses baisers, tout en laissant voir à l'homme tout le plaisir qu'il lui donne avec des expressions d'emportement extatique.

La pénétration n'est qu'à demi complète ; le désir d'entrer plus profondément ajoute au plaisir et entraîne l'explosion du plus émouvant orgasme.

L'hélice

Rien n'est plus indiqué pour la femme qui trouve difficile d'atteindre l'orgasme que d'adopter des postures qui exercent une pression sur le clitoris pendant la pénétration vaginale. L'orgasme est toujours au rendez-vous avec ces postures, et de multiples expériences d'extase apportent des souvenirs impérissables et concrets à la femme.

Elle se couche en bordure du lit et replie une jambe sur un côté de son corps (chaque femme trouvera le côté qui est plus confortable pour elle). Cela enferme le clitoris dans les lèvres du vagin — qui deviennent son meilleur allié dans la poursuite de l'orgasme.

La femme peut contracter et relâcher cette région, tandis que l'homme, qui s'agenouille devant elle, la pénètre tendrement. Pour que cette position procure de vrais délices, il est recommandé à l'homme de caresser les seins de sa conjointe tout en la pénétrant, et à la femme de gémir de plaisir pour enflammer son partenaire.

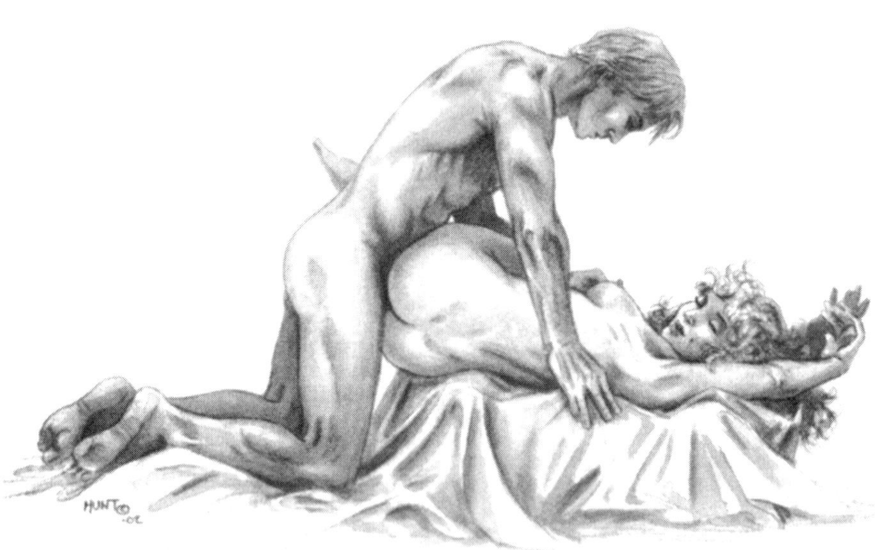

L'amazone

Cette posture donne le rôle actif à la femme. Elle se place sur l'homme et donne la cadence de l'union en posant ses pieds au sol. Cette posture est idéale pour les femmes actives et dominantes, qui veulent régler le rythme de la relation.

Pour l'homme, cela représente une expérience extraordinaire, puisqu'il peut incorporer l'énergie yin dans cette posture, qui est plus passive pour lui, et il peut se détendre pendant l'acte sexuel. En retour, il peut caresser les seins de sa maîtresse et tirer ses cheveux.

L'angle visuel que procure cette variante est l'un des plus excitants pour l'homme, puisqu'il peut observer de près chaque pénétration de sa partenaire. La femme tirera beaucoup de satisfaction parce qu'elle contrôle la situation et que son homme le sait.

Le fauteuil

L'homme s'assoit en repliant ses jambes contre un gros coussin ou un grand oreiller confortable ; les jambes sont légèrement écartées. La femme s'assoit confortablement dans l'espace qu'il forme avec son corps. Cette position met de l'avant les sentiments protecteurs des deux amants.

Avec ses mains et ses bras, l'homme enrobe le bassin de la femme et la dépose sur son érection, tout en contrôlant le rythme de la pénétration.

Les jambes de la femme se déposent sur les épaules de son amant qui a la tête emprisonnée et protégée par les cuisses de sa partenaire. L'homme peut toucher son clitoris pendant qu'il la tient par la taille.

La distance entre les visages et la hardiesse de cette posture lui confèrent une teneur hautement sensuelle.

La femme assoupie

La femme est couchée sur le côté et l'homme la chevauche par l'arrière. Elle étend une jambe vers l'arrière et emprisonne la taille de son amoureux. Cette position est idéale pour les hommes bien dotés par la nature qui n'ont goûté qu'à la position traditionnelle et pour les femmes très souples qui veulent exhiber tout leur corps aux caresses de leur partenaire.

De plus, cette posture satisfait tous les désirs des esprits emplis de fantasmes. Tout d'abord, la femme se trouve devant l'homme et peut en même temps toucher son visage et son cou ; il peut également toucher le visage et le cou de sa partenaire. Ensuite, il a facilement accès à son clitoris et peut toucher et sentir la poitrine de son amoureuse.

La surprise

Pour cette posture, l'homme doit se tenir debout afin de prendre la femme par l'arrière, de la pénétrer tout en lui tenant les hanches d'une manière sensuelle et avec un certain degré de domination. Elle détend son corps entier et pose les mains sur le sol dans une attitude d'abandon et de confiance envers son partenaire. L'homme « surprend » la femme par l'arrière, établissant presque complètement le rythme érotique.

Pour elle, le plaisir est intense à cause de l'angle d'ouverture du vagin qui, se trouvant rétréci, procure des sensations fortes. Pour lui, une sensation extraordinaire irradie à partir du gland qui entre et sort du vagin à la demande et caresse le clitoris en sortant du vagin lors des mouvements les plus hardis. En plus, le champ visuel de l'homme couvre l'anus de sa partenaire, ses fesses et son dos, des zones qui sont très érogènes pour de nombreuses personnes. La domination exercée par l'homme sur la femme, combinée à la relaxation complète de cette dernière, motive l'homme qui tout en honorant sa partenaire, peut stimuler son anus. Si elle a déjà connu cette forme d'amour, la femme peut envisager d'atteindre les sommets du plaisir par la pénétration anale de son amant.

Cette position est idéale pour ceux qui aiment les formes primitives et sauvages de relations sexuelles.

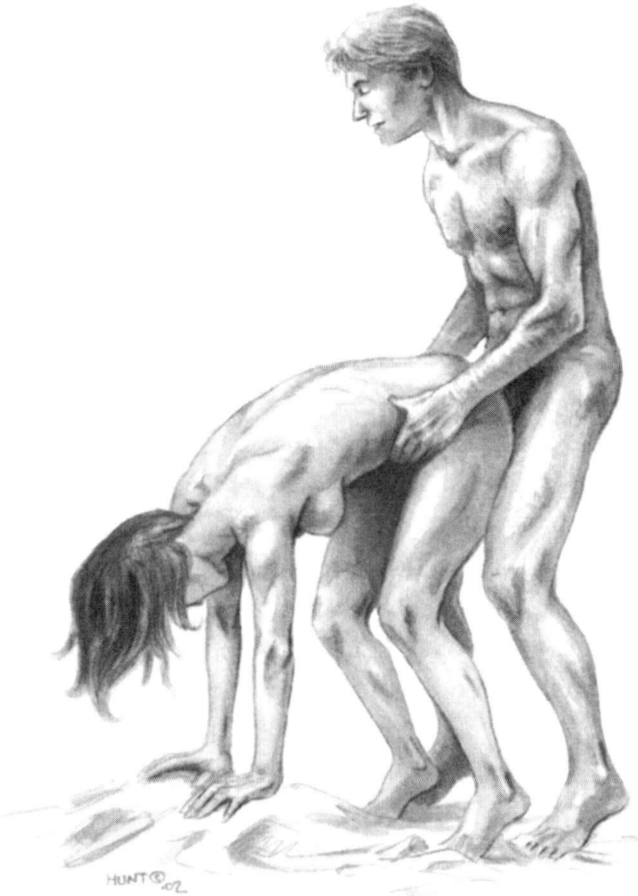

La méduse

Les amants doivent s'agenouiller sur une surface confortable, sans qu'elle soit aussi molle qu'un lit. Dans cette position, l'homme s'abandonne à la volonté de la femme. Elle s'empale sur le pénis et l'introduit dans son vagin comme bon lui semble. Avant la pénétration, les amants peuvent s'embrasser, se caresser mutuellement la poitrine, s'étreindre, se caresser le dos et introduire le gland dans le vagin ou s'en servir pour masser le clitoris, suscitant une sensation unique et agréable. Lorsqu'elle aura été désirée, la pénétration procurera une sensation encore plus intense.

Pendant qu'ils font l'amour, si l'homme ne peut s'abandonner aux mouvements de sa partenaire, il peut chercher à imposer le rythme en entourant la taille de celle-ci et en l'attirant vers lui.

Puisque les partenaires se font face, cela donne une occasion émoustillante de s'observer l'un l'autre, de se réjouir ensemble, de parler et de s'embrasser sur la bouche, jusqu'à ce que survienne l'orgasme tant attendu.

La fusion

Pour réaliser cette posture, l'homme s'assoit, inclinant son corps légèrement vers l'arrière, supportant son poids en plaçant ses bras de chaque côté de son corps sur le lit. Les jambes peuvent être étendues ou repliées, selon ce qui est le plus confortable pour les partenaires. Les têtes des deux amants doivent être détendues. La femme joue le rôle actif dans cette figure, passant ses jambes par-dessus son amant et supportant son poids en appuyant ses bras derrière son corps.

Pour atteindre le plaisir maximal dans cette position, la stimulation doit être intense, car pendant la pénétration, les mains et les bouches ne seront pas disponibles.

La femme impose le tempo et accomplit la rencontre génitale avec ostension. Il est essentiel que le clitoris profite de l'impact produit sur le corps de son amant afin de soutenir l'excitation jusqu'à ce que la femme décide d'exploser de plaisir (pourvu que son amant soutienne le rythme avec une bonne érection).

Le coup d'œil est une composante essentielle, mais les échanges verbaux sont tout aussi sensuels et provocants, puisque les mots érotiques apportent une charge sexuelle importante aux ébats. Les deux éléments (vue et mots) peuvent s'avérer des armes redoutables pour tirer le meilleur de cette position et réaliser une « fusion » complète.

La possession

Comme son nom l'indique, cette position est captivante et possède un caractère suggestif, spécialement pour la femme. L'homme peut utiliser tout son magnétisme sexuel et apprécier sa propre énergie dans cette posture.

La femme se couche sur le dos et ouvre ses jambes, attendant que son amant la pénètre, tandis qu'il s'assoit et la tient par les épaules pour diriger les mouvements. Leurs jambes sont entrelacées d'une manière agréable et sensuelle.

Le sexe masculin entre et sort, déviant sa motion vers le bas, puisque le corps de la femme est légèrement plus haut que celui de l'homme. Il peut explorer à loisir le point G et toute la zone génitale de sa partenaire pour lui donner tout le plaisir qu'elle souhaite recevoir.

Face à face

C'est la position la plus conventionnelle et universelle de l'art d'aimer. Elle procure un sentiment de sécurité dans les couples où la femme a besoin de la protection physique, sexuelle et émotionnelle de l'homme.

Le fait d'être face à face permet de pratiquer un grand nombre de variantes à partir de la posture de base, ce qui la rend plus alléchante et piquante. La mobilité des mains, la proximité des visages et le bien-être corporel sont quelques-uns des avantages qui la rendent si célèbre.

Les amoureux ne devraient pas craindre d'essayer de nouveaux types de rapport en faisant l'amour de cette manière. Elle peut toucher le périnée et la région anale de son partenaire. Il peut caresser son clitoris ou la laisser faire. Les jambes des deux partenaires peuvent être serrées afin de rendre la pénétration un peu plus difficile.

Il s'agit d'une position que plusieurs amoureux associent à l'amour et au romantisme qu'ils ont connus à leurs débuts amoureux. Il est bon pour eux d'y revenir à différents stades de leur vie sexuelle et d'en tirer tous les bénéfices.

Variante du face à face

Il s'agit de la même posture classique, à cette différence près – probablement plus stimulante – que la femme tient le rôle actif et dominateur. Cette variante du « face à face » est une posture favorable aux femmes qui ne peuvent atteindre l'orgasme facilement parce qu'elles ont besoin d'une stimulation active et directe du clitoris et des lèvres.

Dans cette variation de l'acte amoureux, la femme peut frotter son clitoris contre le corps de son amant et, parce qu'elle prend la position dominatrice, elle peut bouger plus facilement et avec une plus grande liberté corporelle. De plus, l'homme peut toucher avec plaisir les fesses de sa partenaire et jouer autour avec ses doigts dans le but d'obtenir la satisfaction complète des deux partenaires.

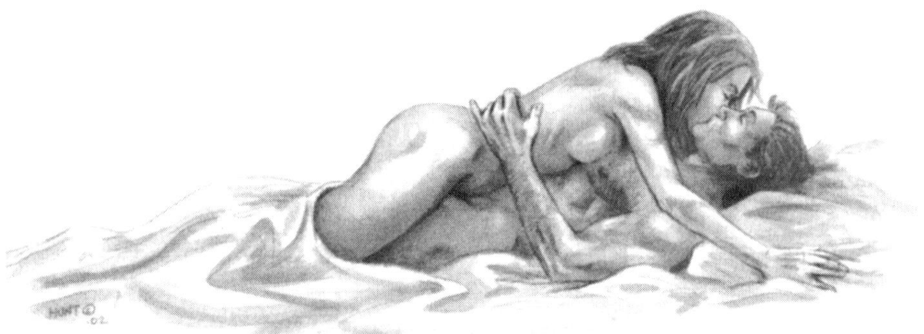

Dresser le cheval

Tout en étant confortablement assis, l'homme accueille sa compagne, qui s'ajuste à son corps en s'asseyant sur son érection.

Dans cette position, la femme peut séduire son amant de nombreuses manières. Une d'entre elles consiste à toucher et à caresser de manière experte ses parties génitales. Lorsque le membre viril atteint son érection maximale, elle le prend et dirige la pénétration. Puis, avec ses mains, elle collabore sensuellement aux manœuvres sexuelles.

Si les deux amants le désirent, l'homme peut imposer sa volonté en appuyant doucement la femme contre son membre tout en la regardant dans les yeux.

La passion de l'étreinte, la fougue des jeux de langues, les baisers et les tendres massages et caresses dans le dos de l'autre donnent des frissons et sont quelques-uns des avantages qui rendent cette posture si sensuelle.

L'homme soumis

En dépit de son nom, c'est une des positions du Kama-sutra que les hommes préfèrent. La soumission masculine peut être très stimulante sexuellement pour un couple, particulièrement pour les partenaires qui se fréquentent depuis longtemps.

L'homme se couche sur le dos, abandonnant son corps à la volonté de sa partenaire. La partie peut commencer avec des baisers et des caresses qu'elle lui donne. Il demeure toujours dans la même position, mais elle peut éventuellement lui tourner le dos. La femme contrôle les mouvements en s'aidant de ses bras. Cette posture permet une pénétration profonde.

Il est très érotique pour les couples de croiser leurs regards quand la femme penche sa tête par-dessus son épaule. De plus, l'homme peut facilement caresser les fesses et la région anale de sa maîtresse. C'est la femme qui décide du rythme de la relation et du type de mouvements. Pendant qu'elle bouge dans cette posture, les deux amants peuvent jouir de la stimulation anale et génitale, ce qui en fait une variation intéressante des jeux amoureux.

La joie

Cette posture doit être exécutée dans un endroit très intime et confortable, qui permet de s'ébattre en toute liberté. La femme doit se tenir sur le bord d'un lit ou d'une chaise. Son amant s'agenouille afin de la pénétrer, ses parties intimes se trouvant à la hauteur de son vagin.

La femme, qui se sent très détendue, lance son corps vers l'arrière et ouvre ses jambes pour accueillir son amant. En même temps, elle entoure son corps avec ses jambes. Elle peut imposer le rythme sexuel dans cette position, mais si les deux bougent de manière harmonieuse, complète et ouverte, la joie mutuelle sera volcanique.

La pénétration profonde

L'avantage de cette position est de permettre une pénétration profonde — d'où son nom. La femme, avec les jambes en l'air et écartées, attend que son amoureux la pénètre. Alors, elle lève les jambes le plus haut possible afin de les déposer par-dessus les épaules de l'homme. Ce dernier pose les mains au sol afin de donner le tempo sexuel.

Plusieurs femmes pourront trouver cette position compliquée, inconfortable ou douloureuse, mais il faut l'essayer. L'excitation ressentie par l'homme dans cette position est émouvante et le plaisir qui peut être partagé est extraordinaire.

Cette posture permet une pénétration complète et un contact génital unique lorsque les testicules frappent le périnée et que le clitoris est massé par l'ouverture des jambes.

La difficulté à s'embrasser et la distance entre les visages peut s'avérer émoustillante pour les partenaires, puisqu'ils cherchent à atteindre la bouche de l'autre et se sentent empêchés par leurs corps. Chacun peut s'amuser de la souplesse de l'autre et tirer plaisir de l'amour qui cherche à les rapprocher, tandis qu'ils doivent faire preuve de patience.

Le moulin à vent

Dans cette posture, la femme est couchée sur le dos avec les jambes écartées afin que son amoureux puisse la pénétrer. Il pénètre sa conjointe en regardant les jambes de cette dernière. La sensation unique que cette position procure est remarquable : le clitoris et les lèvres se pressent complètement contre la région pelvienne et génitale de l'homme. La pénétration la plus passionnée est réalisée à l'aide de grands mouvements circulaires.

Le fait que les amoureux ne puissent se regarder confère un cachet mystérieux à cette posture. Le côté inusité des caresses surprend et enrichit la relation. La femme peut caresser les fesses de son partenaire et planter ses ongles dans le creux de ses genoux. L'homme peut essayer de sucer les pieds de son amoureuse et mordiller ses orteils. Ils peuvent également approcher leurs mains des parties génitales qui se fusionnent passionnément.

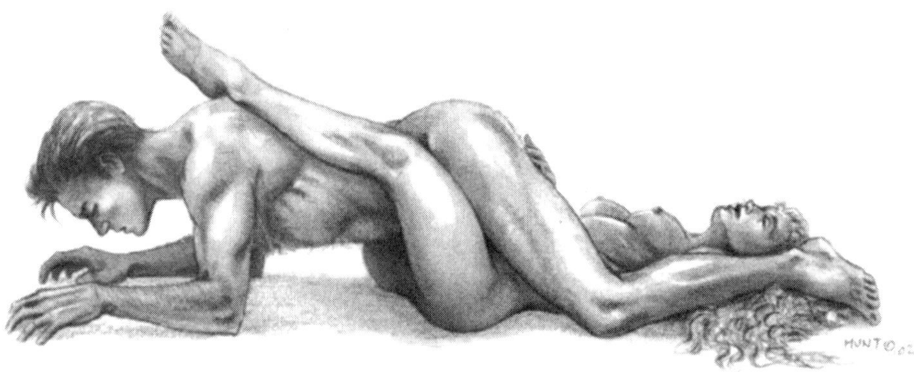

La posture acrobatique

Cette position s'adresse aux couples formés à l'art d'aimer qui ont des corps souples et qui sont désireux de connaître des expériences intenses pleines de mouvements merveilleux.

L'homme est couché sur le dos, relaxé mais excité, avec le pénis en érection complète. La femme s'assied en regardant devant et s'empale en pliant les genoux et en se penchant vers l'arrière de façon à ce que son amant puisse la pénétrer profondément.

Pour réaliser les mouvements requis par l'acte, la femme doit soulever sa taille et se détendre sur son partenaire. De cette façon, l'homme peut facilement accéder à son clitoris et à sa région génitale.

Elle doit détendre le reste de son corps. La baisse du tonus musculaire de chaque région du corps est ce qui rend cette position si intéressante, puisque la femme peut atteindre un orgasme volcanique qui la laissera exténuée.

La salutation

Cette posture est une variante du « face à face », mais elle augmente les sensations à l'extrême. La femme est couchée sur le dos, les jambes écartées, posant ses mains derrière les épaules en pliant les bras de chaque côté de la tête. Lorsque son partenaire est prêt à la pénétrer, elle soulève ses hanches et se perche sur les jambes repliées de son partenaire.

Le plaisir qu'elle goûte s'articule autour de la pénétration profonde et particulièrement de la protection chaleureuse que la peau de son amant prodigue à sa région vaginale et abdominalc.

Lorsque cette position est accomplie fermement, les amants connaissent un plaisir incroyable pendant l'orgasme, surtout si, en gardant un tempo sexuel adéquat, ils atteignent l'apogée en même temps.

Le tumulte sauvage

Le nom de cette posture indique que l'homme peut développer tous ses fantasmes et son potentiel instinctif, tandis que son amoureuse s'abandonne complètement à lui pendant qu'ils font l'amour.

Pour accomplir la posture, la femme s'agenouille en posant ses mains fléchies et ses genoux pliés au sol. L'homme se positionne derrière elle, dans la même position, mais en couvrant le corps de sa partenaire.

Afin que la position soit plus confortable, la femme peut supporter son poids en posant également ses bras au sol, fléchissant sa taille et écartant ses jambes pour exposer sa vulve. Il est très utile pour chacun des amants de poser un oreiller ou un coussin sous leurs genoux afin de les protéger.

L'homme prend la femme par la taille et la pénètre profondément par le vagin ou l'anus, selon les besoins et désirs du couple. Il peut agrémenter la pénétration en caressant la poitrine de sa partenaire. Ou, s'il désire atteindre une forme de satisfaction extraordinaire, il peut accomplir la pénétration plus lentement, en plaçant un bras au sol, de façon à soutenir leurs corps unis dans les airs.

Le contrôle presque total exercé par l'homme ajoute une touche enivrante à cette posture.

La catapulte

Cette posture procure un plaisir appréciable puisqu'elle permet au corps de l'homme d'entrer en contact avec des zones du corps de la femme qui demeurent inexplorées dans les positions plus traditionnelles.

L'homme s'agenouille et accueille sa partenaire qui place son muscle fessier par-dessus les jambes de son amant. La femme peut étirer ses jambes sur le torse de l'homme ou plier ses genoux en déposant la plante de ses pieds sur la poitrine de ce dernier. Cela est très enivrant pour l'homme lorsque la femme peut jouer sur sa poitrine avec la plante de ses pieds.

L'homme peut caresser facilement le clitoris de son amoureuse avec ses mains. En retour, la femme peut accomplir des mouvements sensuels en tortillant et soulevant ses hanches. Le rythme est géré par les deux partenaires, selon le désir, la passion et la souplesse de chacun.

L'étreinte totale

Cette position favorise le sexe créatif et ardent, avec un contact corporel complet. Pour faire l'amour dans cette position, les deux amants doivent ressentir un abandon immense.

Les deux sont nus, debout et se font face pour s'aimer. La femme grimpe sur son partenaire et enlace ses épaules afin d'étreindre le corps de son amant avec ses bras et ses jambes. Il l'empoigne sous les fesses et l'attire à lui afin de la pénétrer.

Le rythme de la relation peut être établi de deux manières : de haut en bas, de l'avant à l'arrière. Ce sera selon l'intensité, l'abandon, le moment, la force et le besoin de tenir un rythme érotique vigoureux.

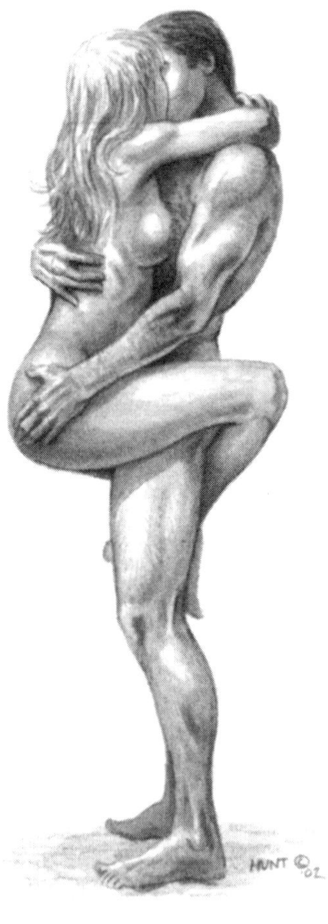

Variante de l'homme soumis

Dans cette variante de l'« homme soumis », la femme étire son corps vers l'arrière, posant ses mains sur les bras de son partenaire et étirant ses jambes vers l'avant. De cette manière, l'homme peut facilement caresser la poitrine de son amoureuse et la femme peut poser ses fesses sur son partenaire pour accomplir des mouvements circulaires profonds.

Dans cette posture, la pénétration n'est pas complète, mais il s'agit d'un jeu excitant pouvant servir de préliminaire à un rapport plus vigoureux. Si elle peut maintenir ses mouvements sensuels, la femme obtiendra souvent un orgasme plus explosif.

Variante de la fusion

Ici, c'est la femme qui impose le rythme du rapport sexuel. Dans cette posture, elle peut contrôler et diriger plus facilement ses mouvements d'oscillation de haut en bas.

Si l'homme peut relaxer et appuyer son corps pendant que la femme se soulève légèrement, la fusion permettra une pénétration plus profonde.

Elle peut caresser la poitrine de son amant avec ses mains pendant qu'ils font l'amour. L'homme peut caresser son clitoris et la femme peut pimenter le plaisir des deux en caressant consciencieusement la zone érogène de son partenaire.

La cuillère

C'est une posture idéale pour le sexe anal. Avec ses jambes collées et repliées vers l'avant, la femme peut se presser contre le pénis de l'homme et le sentir plus intensément pendant qu'elle est couchée sur le côté, relaxant sa tête vers l'arrière.

La pénétration peut être anale ou vaginale, selon les préférences du couple. Si les mouvements sont tendres et réguliers, et la pénétration lente et profonde, les corps s'imbriquent parfaitement comme des pièces de casse-tête.

Cette posture augmente la friction sur le clitoris, ce qui est agréable pour elle et extrêmement grisant pour lui.

3

L'accroissement de l'amour

20

Découvrir la chimie érotique

Comment provoquer la chimie sexuelle

Dans un couple, il y a plusieurs raisons pour expliquer que la chimie de la passion n'opère pas toujours de la même façon avec le passage des ans et qu'elle ne fonctionne plus comme au début de la relation. Il faut mentionner le stress, les problèmes financiers, les changements d'horaires et d'habitudes qu'amènent la venue d'un enfant, la routine et le manque de communication.

Mais il arrive aussi, après un certain temps, que les deux amants perdent leur désir sexuel sans cause apparente. Comment la chimie qui existait au début de la relation peut-elle disparaître ? Comment un érotisme torride peut-il être maintenu vivant ou ranimé au fil des ans ?

La sexualité est un art et le plus haut degré du plaisir n'est pas l'orgasme, mais plutôt un état d'extase durant un temps indéterminé. Vous n'avez pas besoin d'être un athlète sexuel pour y parvenir.

Éléments qui entretiennent le feu

Garder la flamme vivante n'est pas facile, mais cela peut s'apprendre, comme lorsqu'une personne commence à en aimer une autre dans le contact et la connaissance mutuelle.

Cherchez la complicité

Soyez attentif à l'apparence et aux pensées de votre partenaire. Trouvez le bon moment, n'importe où et en toutes circonstances, pour signaler à l'autre quelque chose avec un clin d'œil. Utilisez des codes secrets qui n'ont de signification que pour vous deux. Essayez de faire l'amour dans un endroit « interdit » qui vous enivrera tous les deux.

Célébrez différents événements dans l'intimité

Pensez à des moments où vous viviez cette chimie et soulignez-les avec un toast. Employez des fleurs, des parfums particuliers et des bougies pour créer une ambiance romantique et pour attiser le désir au maximum.

Observez comment vous faites l'amour

Faites-vous l'amour de manière mécanique, comme s'il s'agissait d'un élément routinier de plus, ou vous abandonnez-vous sans limites ? Portez attention aux réactions, à l'apparence et aux gestes de votre partenaire, et caressez son corps en entier avec une charge érotique explosive dans chacun de vos mouvements.

Faites ce qui excite votre partenaire

Essayez de découvrir si vous faites tout ce que votre partenaire aime vraiment. Si ce n'est pas le cas, essayez de corriger la situation. Cela peut être aussi simple que de murmurer des mots érotiques à son oreille ou de vous habiller d'une manière particulière pour attiser le désir.

Stimulez et provoquez sexuellement votre partenaire

Provoquez sexuellement votre partenaire, puis retirez-vous et faites autre chose jusqu'à ce qu'il ou elle vienne vous chercher, dévoré par le désir. Le ludique est un élément qui génère beaucoup de passion chez le partenaire.

N'oubliez pas de communiquer

Lorsque vous vous trouvez avec votre partenaire, exprimez-lui votre amour et laissez-lui voir la passion brûlante qui emplit votre cœur. Cette révélation constante est une étape indispensable dans la confirmation de la chimie amoureuse.

21

Parcourir la carte de l'amour

La carte du plaisir

Lorsque nous évoquons le souvenir de nos expériences sexuelles, les images du passé ne sont pas toutes stimulantes. Ces « cartes postales » entraînent différentes émotions, parfois de la frustration et de l'impuissance. Ces souvenirs à incidence négative entraînent la crainte profonde de répéter une expérience sexuelle particulièrement frustrante.

Des recherches récentes ont relevé la « carte cérébrale » qui organise les connaissances acquises. À l'aide de ces plans mentaux, nous sommes en mesure de remplacer consciemment les données indésirables par des informations plus agréables. Nous pouvons développer notre intelligence érotique afin de goûter le plaisir sans associer nos nouvelles expériences sexuelles à de mauvais souvenirs.

Comment sont établies les cartes érotiques

Le mécanisme de ces répertoires cérébraux nous permet également de tracer nos « cartes sexuelles » – de nouvelles routes vers le plaisir, en association directe avec les récepteurs que nous utilisons dans les rapports sexuels. Le but est de modifier l'information à influence négative et d'établir de nouveaux tracés amoureux. Il y a plusieurs façons de le faire, mais la plus simple est de recourir à la visualisation, à la logique et à la mémoire émotionnelle.

Les nouvelles routes du plaisir

L'homme et la femme possèdent des zones érotiques différentes. Pour les identifier et les mettre en ordre selon les sentiments qu'elles suscitent, nous vous proposons l'exercice suivant.

Choisissez une photo qui montre tout votre corps. Faites-en une copie (agrandissez-la si elle est petite) et collez-la sur une feuille blanche.

Indiquez les endroits de votre corps qui causent des sensations agréables ou désagréables. Utilisez différentes couleurs selon vos critères personnels.

Après avoir identifié ces zones, notez les sentiments qu'elles suscitent. Les parties du corps peuvent être signalées par une flèche, comme dans les cartes routières, indiquant la stimulation ressentie dans cette zone particulière. Les régions les plus sensibles chez les femmes sont les seins, les mamelons pour être plus précis, qui sont les premiers à réagir aux stimuli sexuels. Les autres zones érogènes majeures des femmes sont le pubis, l'entrée du vagin, la région anale et le clitoris (l'organe du plaisir par excellence). Chez les hommes, les zones érogènes sont localisées dans le bassin, mais aussi dans d'autres zones comme la bouche et le cou. Il est important d'établir ces cartes d'une manière consciente et d'observer les changements qui sont survenus pendant une relation sexuelle.

Dans le futur, vous serez capable de réviser votre carte érotique et de créer de nouvelles associations de sensations avec les régions corporelles.

Visualiser et associer les zones érogènes avec des sentiments concrets (et les mettre en mots) entraîne un changement conscient dans la mémoire.

22

Techniques pour être affectueux

Denrées amoureuses : les étreintes et les baisers

Il y a différentes sortes de baisers, autant qu'il existe de relations et de personnes qui les donnent : s'embrasser les yeux dans les yeux, envoyer un baiser avec la main, réveiller l'autre avec un baiser, des baisers magiques, des baisers spontanés, des baisers secs, passionnés, engagés, simulés, ardents, etc.

Les étreintes les plus fréquentes sont pour dire au revoir, bienvenue, lors de retrouvailles, pour montrer son affection, des étreintes qui n'en finissent plus et des étreintes amicales. Quels genres d'étreintes et de baisers voudriez-vous recevoir ? Quelle est la personne que vous souhaitez embrasser et serrer dans vos bras en ce moment ? Pensez-vous que vous auriez pu éviter une rupture à l'aide d'un baiser ou d'une étreinte faite au moment opportun ?

Le but des étreintes et des baisers est de témoigner sa profonde affection, sa passion, son amitié, des besoins sexuels, la protection, le pardon, la consolation, la sagesse, la force ou l'amour.

Comment nous sentons-nous lorsque nous embrassons quelqu'un ou que nous le serrons dans nos bras ? De l'excitation, de l'appréciation, de la confiance, de la sécurité, de l'approbation, de la satisfaction, de la force, de la dévotion, de la spiritualité, de la protection, de l'enthousiasme et de la joie. Embrasser est psychologiquement lié au contact le plus primitif de l'être humain et nous rappelle inconsciemment tous nos besoins oraux, comme la faim, sa satisfaction, le goût, ce qui a été aimé, ce qui a été détesté — tout ce qui est lié à la survie

Pratiquez l'art d'embrasser tous les jours. Dressez une liste de tous les gens que vous aimeriez serrer dans vos bras ou embrasser, et pourquoi. Essayez ensuite de comprendre pourquoi vous ne le faites pas sur une base quotidienne.

Si l'une des premières personnes sur votre liste est votre partenaire, éveillez cette personne avec un baiser. Si votre partenaire ne vit pas avec vous, faites-lui un appel téléphonique et saluez-le avec un baiser, envoyez un message avec un baiser tous les jours, parlez ensemble au moins une minute par jour ou bien envoyez un courriel contenant les mots *baiser* et *étreinte.*

Essayez de faire la même chose tous les jours avec les personnes de votre liste. Choisissez le type de baiser et d'étreinte selon la relation et le degré d'intimité.

Un rituel amoureux

Lorsque vous vous sentez déprimé, lorsque vous avez des problèmes avec votre partenaire, lorsque votre estime personnelle est au plus bas et que vous ne vous sentez pas aimé ou désiré, rappelez-vous que tout cela est un reflet de vos pensées et émotions envers votre être propre. Pratiquez l'exercice suivant.

Choisissez une pièce tranquille et détendez-vous. Vous pouvez emplir la pièce d'un parfum d'ambiance ou avec de l'encens. Écoutez une musique douce et habillez-vous aussi confortablement que possible.

Étendez-vous où vous vous sentirez à l'aise. Visualisez chaque cellule de votre peau et imaginez qu'elles se transforment en petits baisers aux formes et couleurs différentes ; par exemple des baisers rouges, des baisers tendres, des baisers joyeux, des baisers amoureux, des baisers ardents et des baisers langoureux. Imaginez que vous étreignez votre propre corps et que vous vous caressez, ou placez vos bras autour de vous-même. Lorsque vous ressentez finalement que vous vous aimez véritablement vous-même, imaginez la personne que vous désirez devant vous. Embrassez et étreignez cette personne dans votre imagination.

Vous verrez que votre énergie amoureuse peut faire des miracles dans votre relation. Maintenant, vous n'avez plus qu'à attendre. Les étreintes et les baisers vont pleuvoir sur vous.

23

La loi de l'attraction amoureuse et la façon de l'appliquer

Pulvériser les blocages sexuels

Tous les êtres humains se sont demandé à un moment ou à un autre de leur vie : Serai-je capable de satisfaire cette personne qui a tellement enflammé mon désir ? Pourrai-je un jour connaître le plaisir que je souhaite tant ?

Pour répondre à ces questions par l'affirmative, nous devons sentir que nous avons acquis suffisamment de confiance à l'aide de nos expériences sexuelles pour diriger en toute liberté nos propres corps et sentiments.

Mais aujourd'hui, nous vivons dans un monde où tout va très vite et nous en sommes venus à douter de notre capacité d'aimer. C'est pourquoi il est important de savoir qu'il existe des techniques d'autosuggestion érotique, reposant sur l'autohypnose, qui peuvent libérer l'esprit et le corps des facteurs de stress empêchant une personne d'avoir un rapport naturel à sa sexualité.

Ces techniques sont très simples et peuvent être exécutées en quinze minutes environ à n'importe quel moment de la journée.

Comment pratiquer l'autosuggestion érotique

La première chose que vous devez faire est d'essayer d'identifier vos blocages sexuels et de les inscrire dans un carnet afin de ne pas les oublier. Il n'est pas toujours facile d'identifier consciemment ces conflits. Pour y parvenir, vous devez relaxer votre esprit et penser au problème avec tous vos sens et un esprit clair.

Il existe différentes méthodes d'autosuggestion pour parvenir à une détente complète. La plus rapide et la plus recommandable est de fixer un point des yeux jusqu'à ce que vos paupières deviennent lourdes et tombent d'elles-mêmes. À ce moment-là, votre corps entier est prêt à enquêter sur tout ce que vous cherchez à savoir et à résoudre.

Une fois que vous vous trouvez dans cet état, il est important de vous répéter mentalement la phrase suivante : « Chaque fois que je ferme les yeux, je me relaxe davantage et parviens à un état agréable où je suis conscient de tout mon être. » De cette façon, plus vous pratiquerez l'autosuggestion, plus facilement vous pourrez atteindre un état profond de visualisation et d'autoconnaissance.

Votre mémoire sera sondée efficacement si vous évoquez tout ce dont vous pouvez vous souvenir avec chacun de vos sens : goût, odorat, vue, toucher et ouïe. Pour ramener le goût que vous aviez au moment où vous avez connu le blocage, vous devriez vous demander, par exemple : « Le goût était-il agréable, amer, sucré ou salé ? » Puis, vous devez répéter l'expérience avec votre odorat : « Quels sont les arômes que j'ai perçus ? Étaient-ils désagréables, sentant le renfermé et le moisi, évoquant le plastique ou un parfum ?

Dans la mesure où vous serez capable de vous rappeler ces choses avec les cinq sens, vous serez capable de les dissocier de la mauvaise expérience et éventuellement de pulvériser le blocage.

24

Utilisez la connaissance du Tao pour devenir un amant irrésistible

Le Tao du magnétisme sexuel

Ton corps enveloppe le mien,
tes paroles m'ensorcellent
comme une formule magique.
Je suis si vulnérable
à ton apparence que plus je m'éloigne de toi
et plus je sens le magnétisme
de ta présence en moi.

Qui n'a pas été séduit, au moins une fois dans sa vie, par l'attrait irrésistible que dégagent certaines personnes au charisme indéfinissable ?

Chaque objet possède son champ magnétique propre. Les êtres humains possèdent une charge magnétique particulièrement active et le champ érotique figure parmi les champs qu'influence l'énergie magnétique.

Tous les êtres humains ont la capacité de propulser des jets de cette énergie qui nous donne la vie elle-même. Il est bon de savoir que ces vagues énergétiques peuvent influencer profondément les personnes que nous désirons sexuellement, même à distance. Le champ magnétique d'une personne agit directement sur une autre dans une situation de transe ou de suggestion. Mais pour utiliser ce puissant courant magnétique et exercer une séduction sur les autres, vous devez développer vos propres pouvoirs de suggestion.

Comprendre le magnétisme sexuel

Une personne peut exercer trois formes de magnétisme sexuel naturel :

1. Une action physiologique nommée « magnétisme animal ».
2. Une action d'une nature plus subtile qui agit à distance par la volonté et la pensée.
3. Une action induite par des facteurs externes : la résonance de la voix, un certain type de présence, un comportement suggestif, une certaine apparence et d'autres gestes d'une nature particulière.

Suggestion et autosuggestion

La suggestion est un processus physiologique qui, une fois que vous avez appris à le contrôler, peut même conduire une autre personne à vous obéir, parce que toutes les idées qui sont comprises par le cerveau tendent à se transformer en action.

Est-il possible d'utiliser la suggestion dans nos conversations ou nos contacts avec les autres ? Oui, mais pour y arriver, il est primordial d'avoir une confiance aveugle en soi. Une personne est comme elle pense. C'est pourquoi nous devons penser intensément à l'idée (ou la charge sexuelle) que nous souhaitons transmettre à l'autre.

La suggestion peut également être comprise comme une autoaffirmation visant à renforcer une idée, dans le respect de soi-même et des autres. En parvenant à se convaincre soi-même, il est possible de donner naissance à des pensées fortes, grandes et influentes. Si ces pouvoirs sont utilisés, la force et la sensualité que nous cherchons à transmettre aux autres se fixent petit à petit dans notre être, stimulant notre subconscient.

Un exercice de suggestion facile

Chaque jour, quand vous vous levez ou sortez du lit, vous devez vous répéter la phrase suivante : « J'ai confiance en moi et j'exerce un grand magnétisme dans mes rapports avec les autres. »

Voici une autre affirmation possible : « Je me libère de tous mes conflits intérieurs et je peux séduire qui je veux. »

Il est important de répéter ces phrases pendant un certain temps, en ayant la certitude que le magnétisme que vous développez sera irrésistible pour tous les êtres mortels.

25

Techniques pour être parfait la première fois

La clé d'une première relation sexuelle passionnée

Avant le premier rendez-vous érotique, chacun ressent un certain degré de crainte. Il y a certaines personnes qui communiquent et se sentent attirées physiquement par l'autre au premier regard, mais comment peuvent-elles être sûres que leur première relation sexuelle ne sera pas qu'un feu de paille ?

Si vous avez déjà connu de trop nombreuses déceptions avec des partenaires qui semblaient être de vraies bêtes de sexe, mais qui se sont avérés des fiascos, vous trouverez ici un certain nombre de conseils pour éviter que votre prochaine relation ne soit pas qu'un mélange raté d'hormones.

Conseils pour les femmes

1. Ne vous fiez pas à votre première impression dans le cas d'un homme qui semble très épris et qui, comme un lion en cage, se rue sur vous chaque fois que vous passez à sa portée, surtout s'il essaie d'avoir une relation lors de votre premier rendez-vous. En général, vous devriez rechercher un homme sympathique qui n'est pas trop hardi, parce qu'il sera sûrement capable de respecter vos besoins.
2. Obéissez à votre instinct. Suivez votre propre désir de l'étreindre ou de le protéger. Si cette pulsion surgit spontanément, ne la réprimez pas.
3. Certains hommes savent contenir leur excitation et comment séduire, d'autres non. Il est préférable de ne pas vous sentir frustrée après un premier rendez-vous érotique — parce qu'une première expérience ratée peut vous empêcher de connaître une relation future pleinement satisfaisante.
4. Avant votre première rencontre érotique, observez s'il fait attention à vous. Un homme ouvert écoutera attentivement et regardera votre corps discrètement, mais avec désir. Il ne prendra peut-être pas l'initiative, mais il observera le mouvement de vos mains et la façon dont vous le regarderez. Ses mouvements seront calmes et confiants.
5. Une autre chose que vous devez considérer, c'est que plusieurs hommes attendront que vous fassiez le premier geste. Par exemple, ce genre d'homme attendra que vous lui donniez le signal qu'il sera bien accueilli, en vous rapprochant par exemple dans l'auto ou en penchant votre corps vers l'avant pendant votre dîner en tête-à-tête.

6. Si vous le désirez vraiment physiquement, essayez de l'embrasser. Si c'est le bon parti, ses caresses seront douces et sensuelles et ses mains ne se dirigeront pas directement vers vos seins ou une autre zone érogène. Au contraire, il essaiera de connaître l'intensité de votre désir, en procédant étape par étape, selon votre degré de permissivité. Il surveillera votre réponse tout en vous caressant, trouvant les zones les plus stimulantes en observant vos réactions. Ces hommes les plus perspicaces seront ceux qui vous aideront vraiment à profiter de l'expérience.
7. Ne vous laissez pas tourner la tête par une attirance physique et ne vous laissez pas impressionner par les hommes qui se vantent de leurs prouesses sexuelles. Recherchez plutôt des hommes à la sexualité moderne, moins agressifs, qui seront plus ouverts à connaître une relation sexuellement satisfaisante avec vous.

Conseils pour les hommes

1. Il existe un stéréotype de la femme fatale qui est un piège pour les hommes étourdis. Elle semble se mouvoir telle une lionne à la recherche d'un partenaire, qui lui, sera séduit par sa manière de parler ; elle bouge ses jambes de manière ingénue et provoque avec espièglerie. Ne vous y fiez pas si elle vous observe pendant qu'elle vous montre ouvertement qu'elle vous désire. C'est un signe que vous sautez « encore une fois dans le gouffre ». Vous aurez sûrement une bonne expérience sexuelle, mais vous prendrez ensuite la porte. Encore une fois, vous vous sentirez vide et vous

demanderez : est-ce que je dois vraiment me comporter comme Superman ?

2. Demandez-vous : est-ce que je l'ai satisfaite ? Vous vous êtes peut-être déjà posé la question. Bien que les mythes et les belles paroles incitent à penser le contraire, un homme doit se sentir rassuré après une première relation. Il doit être certain que sa partenaire a eu du plaisir et qu'il l'a vraiment aidée à avoir du plaisir pendant la relation.
3. Ce n'est pas un orgasme de plus que vous souhaitez ajouter à votre tableau de chasse. C'est pourquoi vous devez porter attention à la femme qui vous fait face. Humez son parfum et caressez délicatement sa peau jusqu'à ce que vous sentiez que vous pouvez former un seul corps. Si vous n'en êtes pas sûr, apprenez à attendre le moment opportun.
4. Prenez le temps qu'il faut. Personne ne pensera que vous n'êtes pas assez viril. Cela n'est qu'un test pour votre propre satisfaction et il est parfois plus profitable d'attendre un petit peu.

26

Utiliser des parfums et des massages pour augmenter le plaisir

Parfums pour votre plaisir et celui des autres

Pour les Grecs anciens, les bains quotidiens aromatiques associés à des massages ouvraient la voie à la satisfaction sexuelle. De nos jours, l'aromathérapie sensuelle est redevenue une des techniques les plus efficaces pour ranimer la passion dans les couples.

De nombreux arts anciens ont été discrédités pendant des siècles par la médecine institutionnelle. Ils contenaient pourtant une part importante de vérité dans leur recherche du bien-être personnel et poussaient l'art d'aimer à son maximum.

Huiles, parfums et autres plaisirs

L'aromathérapie qui fait actuellement fureur dans notre monde agité est un procédé thérapeutique qui préconise l'inhalation de différentes huiles essentielles. Mais l'aspiration directe par les narines n'est qu'une des méthodes d'utilisation des huiles essentielles, des parfums et des sels.

Ces huiles peuvent aussi être appliquées sur la peau à l'aide de bains et de massages érotiques ou relaxants, ou encore, dans des sacs chauds, sur les zones érogènes du corps. L'aromathérapie est toute désignée pour les couples qui entament une relation émotionnelle et sexuelle, parce qu'elle les aide à surmonter rapidement le manque de confiance mutuelle qu'ils ressentent au départ.

Dans ce cas, si le massage s'attaque d'abord à la plante des pieds, les huiles essentielles seront absorbées plus rapidement et leurs effets stimulants entraîneront une plus grande relaxation et un plus grand désir sexuel.

Une technique de massage érotique à exécuter en couple

Les massages érotiques peuvent être pratiqués avec différents types d'huiles qui stimulent la circulation sanguine et le désir sexuel. Pour les hommes, la technique sera plus efficace si elle se concentre dans la région des testicules. Pour les femmes, l'effet maximal sera obtenu en trouvant leurs zones les plus sensibles tout en les caressant sous l'influence de ces parfums.

Les huiles essentielles sont tirées de l'écorce, des racines, des tiges, des feuilles, des fleurs et de la résine de plantes et d'arbres. Pour inhaler leurs arômes envoûtants, déposez l'essence de votre choix dans une cocotte-minute. Le jet de vapeur diffusera le parfum partout dans la maison, créant un environnement délicieux. Les huiles peuvent également être chauffées dans des récipients spéciaux.

Recettes amoureuses magiques : comment préparer des huiles essentielles maison

Dans les temps anciens, plantes et fleurs étaient séchées pour préparer des infusions jusqu'à ce que les procédés de distillation soient perfectionnés. Actuellement, vous pouvez fabriquer un parfum avec la plante de votre choix en la plaçant dans l'eau et en laissant le surplus d'eau s'évaporer. Placez la préparation au réfrigérateur : l'huile essentielle se séparera de l'eau. Vous pouvez utiliser des pétales de fleurs, des écorces de fruits et différents types de plantes aux propriétés multiples.

Les arômes et leur usage

Il existe de nombreux livres qui expliquent l'aromathérapie dans un langage accessible. Dans ces livres, vous pouvez trouver des descriptions des différentes méthodes pour utiliser les huiles essentielles, ainsi que des recommandations spécifiques. La brève liste qui suit ne vise qu'à identifier un certain nombre d'arômes qui agrémentent l'amour. Les parfums affectent les gens de manière différente ; c'est pourquoi chaque couple doit découvrir les arômes qui lui permettent d'atteindre l'extase.

Fleurs d'oranger

Un effet calmant, apaisant. Prédispose à la rêverie.

Bergamote

Agit contre les mauvaises pensées. Réduit les craintes et apaise l'anxiété.

Cannelle

Un aphrodisiaque efficace pour ceux qui manquent de libido.

Cèdre

Un stimulant. Un aphrodisiaque léger. Apaise l'anxiété. Élève l'âme et purifie l'esprit.

Menthe

Un tonique qui enflamme le désir sexuel.

Jasmin

Un agent de guérison puissant pour les troubles émotionnels. Améliore l'humeur et stimule l'érection.

Citron

Un tonique naturel conducteur d'énergie. Aide à réduire l'inflammation des zones érogènes.

Orange

Renforce le cœur et améliore l'état du corps.

Patchouli

Il est tiré d'une petite plante indigène de la Malaisie et de l'Inde, qui possède des vertus aphrodisiaques et calmantes. Il peut être utilisé sous la forme d'encens pour apaiser l'anxiété excessive envers la réponse sexuelle.

Romarin

Les Grecs et les Romains considéraient le romarin comme une plante sacrée aux vertus magiques. C'est un stimulant des glandes et des voies respiratoires qui augmente l'énergie du rythme sexuel.

Rose

Les médecins arabes furent les premiers à utiliser les roses comme médecine sous la forme de *zuccar*, c'est-à-dire de marmelade de rose. Cette essence équilibre le fonctionnement des organes sexuels féminins. Elle agit comme un aphrodisiaque, un antidépresseur, un calmant et un tonique pour le cœur, l'estomac, le foie et l'utérus.

27

Aphrodisiaques
Les aliments voluptueux

Aphrodisiaques :
des aliments pour augmenter le plaisir

Il existe des aliments qui éveillent les sens, qui améliorent la circulation et la puissance sexuelle, et qui augmentent les instincts vitaux. Si vous apprenez à les connaître, vous serez capable d'apprécier davantage votre partenaire après un repas parfait.

L'origine des aphrodisiaques

La première source historique sur les effets stimulants de certains légumes sur le désir sexuel remonte jusqu'aux écrits les plus anciens. Depuis les débuts de l'histoire, les êtres humains ont recherché des aliments magiques pour séduire leurs partenaires et ils ont trouvé les ingrédients parfaits. Mais ils ont également essayé de trouver la source du plaisir éternel, la substance magique qui leur donnerait l'habileté, le désir et la puissance pour prolonger leur intimité sexuelle.

Dans toutes les cultures de toutes les époques, connaître le plaisir suprême a été l'un des objectifs que visaient les êtres humains. La prolongation, la jouissance et l'innovation permanente les ont amenés à chercher sans répit des milliers de formules permettant d'augmenter le désir. Auparavant, on croyait que tous les aliments aux origines exotiques contenaient des propriétés érotiques magiques. C'est pourquoi la découverte des Amériques et de ses cultures inconnues a occasionné un tel émoi dans les cours européennes.

Cette idée d'un amour romantique stimulé par des substances étrangères, lesquelles étaient utilisées pour réaliser toutes sortes d'exploits érotiques, est devenue la mode pendant la Renaissance. Les asperges et les carottes, en raison de leur forme phallique, étaient utilisées couramment et étaient célèbres à cette époque.

Les observations étaient alors primitives et confondaient les rituels magiques avec les observations empiriques. Par exemple, si la racine d'une plante ressemblait aux organes génitaux, on pensait qu'elle possédait un pouvoir aphrodisiaque.

Les rites orientaux

Au Japon, les aliments aphrodisiaques ne consistaient pas simplement en la nourriture ingérée. La tradition recommandait l'utilisation de *tatami,* l'endroit de la cérémonie, où les gens devaient se présenter pieds nus afin de laisser derrière eux les mauvais esprits qui auraient pu s'accrocher à la semelle de leurs souliers.

En observant des préceptes d'hygiène rituels, les participants lavaient leur visage et leurs mains avec une serviette humide. Les aliments qui étaient alors servis consistaient en différents fruits de mer. Toutefois, afin qu'ils exercent vraiment leur effet aphrodisiaque, toute l'atmosphère devait être chargée d'érotisme, tout comme les gestes des amoureux.

Les aliments aphrodisiaques

Les aliments suivants engendrent des niveaux supérieurs d'énergie érotique. Cependant, n'oubliez pas que la vraie nourriture est l'amour, et que l'amour agit plus longtemps et plus efficacement que n'importe quel aphrodisiaque, stimulant toutes les cellules du corps et gardant l'esprit jeune. Le plaisir sexuel est illimité pour ceux qui libèrent leur esprit dans la vraie connaissance de tout leur potentiel sexuel.

Ail

Le statut d'aphrodisiaque conféré à l'ail provient probablement de son effet notable sur l'augmentation de la chaleur corporelle. Les recherches actuelles montrent qu'il fait baisser la pression sanguine et les niveaux de lipides. Il améliore la vitalité et la santé, qui sont les ingrédients indispensables des performances sexuelles de haut niveau.

Anis étoilé

Avec son goût de réglisse, l'anis étoilé doit être utilisé avec modération dans les boissons et la nourriture.

Baies de genièvre

Selon le Kama-sutra, l'infusion de baies de genièvre augmente la vigueur sexuelle. Elles ne sont pas recommandées pour les femmes enceintes ou les personnes qui souffrent d'insuffisance hépatique.

Basilic

« La femme est comme un fruit qui ne laissera deviner sa douceur que si vous le pressez entre vos mains. Prenez le basilic : si vous ne le pressez pas avec la chaleur de vos doigts, il ne libérera aucun parfum. » (Sheik Nefzawi) Cette plante était consacrée à Vénus, et en Inde, à Vishnou.

Cacao

Les fèves de cacao contiennent de la phényléthylamine, un stimulant naturel de l'organisme. Les Aztèques considéraient le cacao comme une nourriture divine.

Cannelle

La seconde écorce du cannelier, qui est de couleur rouge orange, est très aromatique et agréable. Elle est surtout utilisée dans les desserts, mais aussi dans les potages et les ragoûts. C'est un aphrodisiaque, un antiseptique, un astringent et un stimulant.

Cardamome

Les graines de cardamome sont très prisées dans la cuisine orientale et sont un ingrédient de base du cari. Le Kama-sutra propose cette recette aphrodisiaque : mélangez de la cardamome avec du gingembre et de la cannelle ; saupoudrez-en sur des oignons et des pois chiches.

Céleri

Le céleri contient des phéromones. Il peut être consommé en infusion ou dans des salades, des soupes et des ragoûts.

Clou de girofle

Il est utilisé comme une épice. C'est un agent puissant dans de nombreuses potions aphrodisiaques.

Coques

Les coques peuvent être mangées crues ou cuites.

Coquilles Saint-Jacques

Les coquilles Saint-Jacques sont parmi les plus puissants aphrodisiaques, juste après les huîtres.

Coriandre

Les graines de coriandre, aromatiques et goûteuses, sont réduites en poudre et utilisées dans des élixirs d'amour.

Demoiselle bleue

Ce poisson possède un goût exquis. Son utilisation remonte au Moyen-Âge. Il est cuisiné de la même façon que la pastenague.

Endives

Les endives purifient l'organisme et ont un effet revigorant et tonique.

Figues

Les Grecs et les Romains considéraient les figues comme un aphrodisiaque.

Gingembre

Les jeunes racines de gingembre pelées stimulent la circulation.

Ginseng

On dit du ginseng qu'il guérit tout. On lui a attribué presque toutes les propriétés — dont plusieurs sont contradictoires, comme d'être un calmant et un stimulant. Il s'agit d'un tonique général dont on considère qu'il augmente la puissance sexuelle.

Guaraná

Le guaraná est un arbuste grimpant qui pousse partout au Brésil. On utilise ses graines dures.

Hareng

Selon les Celtes, le hareng est un aphrodisiaque puissant. En plus d'être un stimulant, c'est un merveilleux tonique.

Huîtres

Elles sont considérées comme l'un des meilleurs aphrodisiaques. Elles sont encore plus efficaces consommées crues.

Jasmin

Le parfum enivrant du jasmin hante l'air du soir sous les climats tropicaux.

Maquereau

Le maquereau est un poisson à viande rouge qui n'est pas très populaire. Le maquereau fumé servi en hors-d'œuvre est un puissant aphrodisiaque dont l'action est rapide.

Palourdes

Plusieurs cultures, dont la culture américaine, croient fermement que les palourdes ont des propriétés aphrodisiaques. Cette croyance a du vrai, surtout si elles sont consommées crues.

Poivre

Le poivre noir et le poivre blanc proviennent de la même baie, mais le poivre blanc ne contient plus l'écale. Le poivre est un stimulant et un tonique musculaire.

Pollen d'abeilles

Le pollen d'abeilles accroît la virilité et prolonge la vie.

Pommes

Dans les temps anciens, si une femme partageait une pomme avec un homme, c'était un engagement pour des fiançailles prochaines.

Prunes

Les prunes augmentent l'énergie. Elles étaient fournies dans les bordels élisabéthains.

Safran

Le safran était utilisé comme aphrodisiaque par les Assyriens, les Grecs, les Phéniciens et les Arabes. On dit qu'il stimule l'utérus et la circulation.

Saumon

En tant qu'aphrodisiaque, le saumon est beaucoup plus efficace que le bœuf et son action est plus rapide.

Truite

La truite possède les mêmes propriétés que le saumon.

Vanille

La vanille est un aphrodisiaque léger.

Verveine

Dans les temps anciens, on disait que pour gagner le cœur de l'être cher, vous n'aviez qu'à frotter vos mains avec de la sève de verveine et le toucher.

Vitamine E

Cette vitamine exerce une action merveilleuse sur la vie sexuelle des gens.

28

Les zones corporelles et la façon de stimuler leur énergie avec vos mains

Touchez le ciel avec vos mains

Chaque zone du corps de votre partenaire
est un reflet de votre besoin de l'aimer.
Quand vos doigts glissent sur son visage,
vous êtes capable de lire ses désirs sans regarder.

L'acupression est une technique ancienne qui combine des massages et des pressions subtiles le long des méridiens d'énergie du corps. Sa fonction est de libérer l'énergie qui est bloquée par des problèmes émotionnels ou physiques, qui peuvent engendrer de la frustration sexuelle ou émotionnelle. Les problèmes masculins les plus courants sont l'impuissance et l'éjaculation précoce ; chez les femmes, on constate la frigidité et l'anorgasmie.

L'acupression est pratiquée avec les mains. Elle consiste en massages, pressions et frottements des régions qui doivent être stimulées. De cette façon, nous apprenons à détendre les zones de notre corps qui sont contractées. En apprenant la technique, vous découvrirez quelles zones érogènes votre partenaire souhaite que vous stimuliez afin d'atteindre une harmonie sexuelle.

Il est important de se rappeler que les massages doivent être effectués de manière sensuelle, de façon à ce que l'être aimé ne perçoive pas vos mouvements comme une agression ou une invasion de son corps. Les sensations doivent toujours être agréables. Quand le stress est manifeste, mais que votre partenaire nie être tendu ou bloqué, il est important de réaliser le massage d'une manière très subtile. Plus l'intimité est grande dans le couple, plus votre partenaire acceptera votre stimulation tactile.

Doigts magiques, massages efficaces

Il est indispensable de pratiquer cette technique de massage sur une base régulière. Les amants peuvent prendre environ dix minutes pour explorer le corps de leur partenaire avant l'acte sexuel.

Détendez-vous avant de commencer afin de laisser derrière vous tous les tracas de la journée.

Une fois que vous êtes détendu, glissez vos mains sur le corps de votre partenaire en le caressant tendrement. Vous pouvez utiliser une huile relaxante ou stimulante.

Cherchez à établir le contact à l'aide de vos mains et de vos yeux, prononçant des mots tendres qui renforcent la relation.

Synchronisez vos respirations, surtout si vous vous massez mutuellement, afin que vos rythmes circulatoires ne fassent plus qu'un.

Commencez par masser la plante des pieds de votre partenaire. Passez doucement sur les côtés des jambes que vous presserez légèrement, tout en montant vers le milieu des cuisses avec des mouvements ascendants.

Pour les hommes, on doit exécuter un léger frottement sur les jambes jusqu'aux hanches, puis dans la région du bassin. Si possible, utilisez une huile essentielle sur les testicules. Cela a un effet stimulant, mais il faut y aller très doucement. Pour les femmes, on doit masser le clitoris et les lèvres du vagin. La stimulation digitale doit être souple mais directe.

Les mains doivent fonctionner comme des radars d'énergie, guettant les sensations de plaisir exprimées par votre partenaire à chaque mouvement. Quand votre partenaire montre des signes de satisfaction, il est important de vous concentrer sur cette région de son corps. Cette zone particulière devra être stimulée aussi souvent que possible à toute nouvelle relation sexuelle.

Déplacez vos doigts sur le ventre et dans la région des aines. Massez le corps d'un côté à l'autre sous la forme d'une spirale jusqu'à ce que vous atteigniez les pectoraux. Cette région est très érotique, aussi bien pour l'homme que pour la femme. Continuez à caresser la région pectorale en faisant des cercles autour des mamelons, jusqu'à ce que vous les stimuliez directement.

Si, à ce stade du massage, vous n'avez pas encore commencé les ébats érotiques, vous pouvez continuer l'acupression en suivant la colonne, avec de légères pressions autour de chaque vertèbre jusqu'à ce que vous atteigniez le cou.

Stimulez le lobe des oreilles avec de douces caresses, parce que les oreilles évoquent les plis de nos organes sexuels… Terminez avec un léger massage de la tête pour stimuler le cuir chevelu.

Si vous pratiquez l'acupression dans le but de parfaire votre art d'aimer, vous obtiendrez des résultats à chaque rapport. Ses effets se feront également sentir en permettant de tisser des liens amoureux plus solides, qui illumineront d'autres domaines importants de votre vie.

Massage sensuel pour les couples

Un massage sensuel qui vise à surprendre et à contenter votre partenaire commence avec une préparation méticuleuse de l'environnement, des huiles appropriées, un éclairage adéquat, de la musique de circonstance et le choix du moment parfait. Il faut y ajouter une touche de fantaisie et des soins attentionnés. Lorsque les mains parlent en se déplaçant sur le corps, les résultats peuvent être inoubliables.

La préparation à une séance de massage sensuel et relaxant est en soi une expérience pour tous les sens. L'attention et des soins précis jouent un rôle déterminant dans le résultat final — c'est pourquoi il faut faire preuve d'imagination tout en respectant l'ambiance que nous souhaitons créer.

Nous devons choisir le moment idéal pour les deux partenaires et transformer la pièce que nous avons choisie en temple sensuel. La lumière, la température et la musique sont essentielles, bien que nous ne devions pas négliger les autres composantes, comme les huiles parfumées.

Il existe différents types d'huiles. Il est important de trouver celle qui comporte la texture et le parfum les plus agréables. Si vous désirez susciter une excitation intense, essayez d'utiliser des huiles dont les propriétés aphrodisiaques sont reconnues. Le bois de santal, par exemple, est une essence orientale, avec une odeur boisée et un effet calmant. Le patchouli est un parfum plus stimulant, mystérieux et envoûtant. Utilisez du ylang-ylang pour une ambiance douce, fleurie et euphorisante.

Avant de masser votre partenaire, vous devez d'abord être très détendu. Vous ne devez pas le faire si vous êtes fatigué. Le contact intime dans un couple est si étroit que même les émotions les plus profondes sont transmises. Le moyen idéal pour le couple est de se détendre à l'aide de la respiration profonde, afin d'ouvrir l'esprit et le corps avant le massage.

Il est important que la personne qui pratique le massage libère son esprit et se concentre sur ses gestes. La respiration lente et la détente musculaire favoriseront votre équilibre intérieur. Avant de commencer le massage, demandez à votre partenaire de vous masser doucement les épaules. Vous aurez ainsi déjà reçu quelque chose avant de commencer à donner.

Symbiose

Masser égale toucher ; le toucher implique à son tour la communication. La façon de transmettre un message traduit également les émotions véritables de la personne qui s'exprime. C'est comme si la personne qui donne le massage ouvrait un canal de communication au moyen duquel elle peut parler, et que la personne recevant le massage répondait avec son corps.

Les trois mouvements de base sont les glissers, les pétrissages et les frictions.

Glissers

Vous utiliserez une huile dans ce type de manœuvre afin de vous aider à connaître le corps de votre partenaire. Vous posez vos mains à plat sur le dos de votre partenaire, en relaxant les doigts, et vous les faites glisser vers le bas en essayant de localiser les points de tension. La pression doit être légèrement augmentée lorsque vos mains croisent la région du cœur. Cette technique possède un effet apaisant, qui peut être ressenti dans les terminaisons nerveuses sous la peau.

Pétrissages

Les pétrissages sont des mouvements plus énergiques qui rappelle le pétrissage du pain. Ils sont particulièrement indiqués pour libérer la tension accumulée. Ce type de manœuvre vise surtout les régions musculaires. Pour l'effectuer, vous devez presser la peau entre vos pouces et vos doigts, en enfonçant les pouces dans la masse musculaire. Avec vos doigts, ramenez le muscle à nouveau vers vous. Bougez vos mains en alternance, en pressant, poussant et soulevant la peau.

Frictions

Les frictions consistent à masser des régions plus petites et spécifiques. Elles entraînent une sensation agréable et apaisante. Il est important de pousser le bout des pouces vers le bas en faisant des petits mouvements circulaires pour permettre une pénétration profonde. Les frictions possèdent un effet analgésique et stimulent la circulation sanguine.

29

La magie sexuelle

Introduction à la magie sexuelle

La magie sexuelle emmène la fusion du corps et de l'esprit. Elle transcende le sexe, l'espace et le temps. La magie sexuelle nous permet de surmonter tous les aspects négatifs d'une relation amoureuse. Elle permet de profiter pleinement de la vie et d'atteindre un état d'extase qui dépasse les limites de notre corps jusqu'à ce qu'il entre en harmonie avec l'univers.

Lorsque nous parlons de magie sexuelle, le lecteur associe habituellement cette dernière à des « charmes d'amour » ou à l'utilisation de recettes exotiques que l'on mélange secrètement à la nourriture d'une victime pour gagner son cœur. Certaines personnes peuvent associer la magie sexuelle à l'hypnotisme ou la suggestion qu'a exercée le Comte Dracula sur l'innocente Lucy.

En réalité, la magie sexuelle est l'explication métaphysique de l'interaction des forces dans le rapport sexuel. Ce sont les énergies qui s'attirent et se repoussent dans les jeux amoureux.

Lorsque nous parlons d'énergies masculine ou féminine comme composantes essentielles de chaque rapport sexuel, il est important de comprendre que l'énergie féminine n'appartient pas qu'aux femmes, pas plus que l'énergie masculine n'appartient qu'aux hommes. Les deux font partie de notre système. Nous les possédons toutes les deux sans égard pour notre genre.

Pourquoi une attirance se produit-elle entre deux corps ? L'échange d'hormones n'est pas la seule chose qui produise un contact sexuel agréable. Dans un rapport sexuel, les sentiments et l'énergie mentale exercent également une influence. Selon le rituel magique, un état méditatif avant les ébats permet d'éliminer les sentiments qui entravent la relation. Le cerveau devient un organe sexuel qui contribue à l'accomplissement de la magie sexuelle.

Les techniques magiques qui permettent d'éliminer les émotions et pensées négatives sont mises en pratique avant le rapport. La magie sexuelle n'est pas une action que nous accomplissons mécaniquement, mais plutôt une exploration consciente de notre potentiel sexuel et spirituel.

Afin d'appliquer ces techniques, nous devons apprendre à surmonter la crainte. L'ignorance des limites de notre potentiel sexuel peut entraîner des fantasmes malsains chez certaines personnes ou dans les liens qui unissent un couple. Nous devons développer les aspects féminin et masculin de notre être intérieur. Chaque personne, individuellement ou avec un partenaire, peut atteindre un niveau toujours plus élevé d'extase, jusqu'à atteindre un état explosif.

Comment pratiquer la magie sexuelle

Si vous pratiquez l'exercice en couple, il sera inoubliable pour vous deux. Les amants doivent s'asseoir l'un en face de l'autre et se regarder mutuellement avec la même confiance et la même intimité que s'ils se regardaient dans un miroir — avec la même attitude que lorsqu'ils regardent leur propre image le matin.

Observez l'autre sans préjugés, comme si l'autre était une partie de vous-même qui ne différerait que par l'aspect. Si vous êtes tous les deux nus dans un endroit tranquille, l'expérience sera encore plus profonde. Si vous ressentez le besoin de vous toucher mutuellement, c'est parce que vous évitez l'observation intense que je vous propose. Celle-ci doit, chaque fois, être encore plus naïve. Essayez de surmonter les perceptions corporelles sexuelles ou toute émotion qui pourrait surgir. Essayez de ressentir les choses de cette manière jusqu'à ce que vous ressentiez que l'autre personne est une partie de vous-même.

Si vous accomplissez l'exercice seul, asseyez-vous devant un miroir et faites la même chose. Il est possible que regarder votre propre corps suscite également une excitation. C'est normal, cela prouve que votre énergie vitale agit d'une façon naturelle. Ne réprimez pas vos émotions — observez-les sans forcer les choses.

Lorsque vous sentez tous les deux que votre esprit a surmonté la compulsion d'agir, vous pouvez alors vous rapprocher. À ce moment-là, fermez vos yeux.

Maintenant, écoutez vos cœurs en gardant les yeux fermés. Sans prendre ses propres pulsations, chacun doit essayer d'écouter les battements de son propre cœur, respirant et se relaxant à chaque expiration. Devenez conscient de l'état de votre corps et essayez de percevoir le corps de votre partenaire intuitivement sans ouvrir les yeux. Cet exercice se nomme *concentration* et il précède la méditation magique.

L'état de concentration est essentiel et il est assez facile à atteindre. L'objectif est d'entraîner le corps à se concentrer à volonté. Pour y parvenir, les deux doivent apprendre à être présent, à se détendre et à surmonter les émotions qui entravent l'acte sexuel.

Si vous n'atteignez pas le stade de concentration après vingt minutes, vous pouvez tout de même atteindre un stade optimal en répétant la phrase suivante : « Ma détente est complète pour la jouissance de mon esprit. »

La méditation magique : le chemin de l'extase sexuelle

« L'homme et la femme…
L'homme est un aigle qui vole ;
la femme est le rossignol qui chante.
Voler, c'est dominer l'espace ;
chanter, c'est conquérir l'Âme.
L'homme est un Temple ;
la femme est le Sanctuaire.
Devant le Temple nous nous découvrons ;
devant le Sanctuaire nous nous agenouillons.
Enfin: l'homme est placé où finit la terre ;
la femme où commence le ciel ».

– Victor Hugo

Les exercices de relaxation font partie intégrante des techniques de magie sexuelle. La première étape consiste à se concentrer avant la méditation, individuellement ou en couple, afin d'obtenir un contrôle mental et émotionnel avant le sexe.

Avant d'apprendre les prochaines étapes de cette technique, nous devons nous demander : comment pouvons-nous nous concentrer sur quelque chose d'aussi parfait que la divinité lorsque nous sommes excités en même temps que nous avons envie de toucher notre partenaire ?

La réponse n'est pas facile parce que pendant des millénaires, les hommes et les femmes ont consciencieusement refoulé leur sexualité et dénigré le pouvoir de l'acte sexuel. Et comme si ce n'était pas déjà assez compliqué, vous devez ressentir un amour profond pour votre partenaire et un grand besoin de sonder votre puissance sexuelle au-delà des limites de votre imagination.

Apprendre à méditer doit exercer le même attrait que, par exemple, faire l'amour pour la première fois. C'est une aventure amoureuse, engageante et spirituelle ; mais la chose la plus importante à savoir, c'est qu'une fois initié à cette technique, il vous sera difficile de revenir en arrière.

Maintenant, il s'agit de trouver un endroit intime où vous continuez à pratiquer toutes les étapes précédentes. Une fois que vous êtes détendu, vous devez vous concentrer sur votre respiration. À chaque inspiration, vous devez compter jusqu'à trois, retenir l'air, puis expirer lentement. Votre respiration doit être presque imperceptible.

Une fois que vous y êtes arrivé, projetez dans la région de votre cœur l'image idéale et la plus parfaite de ce que vous souhaitez atteindre avec votre partenaire. Si vous n'arrivez pas à la visualiser, recréez intérieurement un sentiment ou une sensation que vous aimeriez connaître, sans préjugés. Vous ne devez pas voir l'image à l'extérieur de vous, comme si elle était projetée sur un écran, mais plutôt de façon extrêmement vivante avec la sensation de l'expérience immédiate.

Après avoir accompli cette concentration et cette visualisation active, vous pouvez prendre quelques minutes pour discuter de l'expérience avec votre partenaire, sans faire de comparaison.

Si vous avez accompli l'exercice en étant seul, vous pouvez écrire quelques lignes sur chaque visualisation, tout en commentant l'évolution de la précision, de l'influence et de la force de votre méditation.

Le succès de cette méditation se manifeste lorsque vous ressentez un contrôle plus grand, une confiance accrue et surtout un sentiment de bonheur dans tous les aspects de votre vie.

Les clés pour ouvrir et développer la magie sexuelle

Pour créer de la magie dans notre propre univers, nous avons besoin d'éléments magiques, comme la lumière, l'espace, le temps et le canal pour l'action divine — l'être humain. Mais la chose la plus importante consiste à ne pas oublier que tous les êtres humains sont égaux et faits à l'image de notre créateur divin. Ceci est la pierre de touche de la magie. Voici les clés de la magie sexuelle.

Espace

Avec votre partenaire, recherchez un endroit dans la maison qui soit relativement tranquille. Ce n'est pas obligé d'être votre chambre à coucher. Tout endroit où personne ne viendra vous déranger peut faire l'affaire. Une fois que vous y êtes installés, éliminez toutes les sources d'interférence possibles, du téléphone à la télévision. Essayez d'aérer la pièce et répandez-y un doux parfum en faisant brûler un encens à la myrrhe ou au bois de santal. Éteignez les lumières. Si possible, éclairez légèrement la pièce à l'aide d'une bougie rouge.

Concentrez-vous

Lorsque vous êtes parvenus à vous concentrer, il est temps de vous déshabiller tous deux, ce qui est aussi la meilleure chose à faire pour surmonter vos inhibitions physiques.

Faites le rituel de protection

Le premier exercice magique que vous pouvez essayer est un rituel simple de protection. Tout ce que vous avez à faire est de visualiser un cercle de lumière autour de votre tête qui descend graduellement le long de votre corps. La couleur de l'énergie sur laquelle vous devriez méditer est un blanc éclatant. Ensuite, imaginez le même cercle qui vous entoure en même temps que votre partenaire. Si vous êtes seul, vous pouvez l'imaginer de la même manière, mais vous devez ressentir que votre partenaire est là, devant vous. Vous pouvez ensuite agrandir le cercle pour entourer la pièce, puis la maison au complet, jusqu'à ce qu'il entoure la planète entière avec sa lumière blanche éclatante.

Concentration et approfondissement

Essayez de vous concentrer sur l'idée que le cercle vous protège et que rien ne peut vous arriver, que le monde est en harmonie et radieux. Essayez de ressentir l'extase en vous, la paix et la sécurité d'un monde illuminé par une lumière blanche. Si vous éprouvez toujours des difficultés à visualiser, essayez simplement de « rêver », tout en demeurant conscient. Cela revient à être relativement attentif à ce qui se passe autour de vous, tout en continuant à rêver à votre partenaire ou à l'univers entier protégés par l'amour et la beauté.

Avec du temps et de la pratique, vous serez capable de visualiser tout ce que vous souhaitez. Vous serez capable de méditer avec plus de facilité chaque fois, mais il n'est pas nécessaire d'y parvenir au début. Essayez de maintenir l'état d'extase, le contrôle de votre respiration et votre détente sur une base permanente.

Points érogènes

Maintenant que vous vous sentez détendus, essayez de vous concentrer sur votre cœur, en imaginant que votre partenaire est couché. Visualisez votre partenaire et vous-même comme si vous étiez le dieu et la déesse de l'amour. En goûtant cette sensation incomparable, imaginez que vous caressez le corps de votre partenaire. Essayez de trouver intuitivement les endroits où cette personne ressentira le plus de plaisir. Ne passez pas aux actes – caressez votre partenaire seulement dans votre imagination. Ne vous attardez pas aux endroits que vous aimez, mais à ceux qui procurent du plaisir à l'être aimé.

Intensification

Avec vos yeux toujours fermés, demandez-vous : quel est le niveau d'intensité requis pour exciter l'être aimé ? Jusqu'où dois-je me rendre dans mon exploration ? Quelle force ou pression dois-je exercer ?

> Essayez de ressentir l'extase de l'autre personne ;
> vibrez dans son corps comme s'il s'agissait du vôtre.
> Ne perdez pas votre concentration.
> N'ouvrez pas vos yeux.
> Ne perdez pas votre niveau de relaxation.

Continuez à pratiquer cette méditation jusqu'à ce que l'extase devienne proprement explosive.

30

Les relations amoureuses

Les sept règles d'or

Nos pensées sont créatives – elles créent tout ce qui nous entoure, particulièrement ce que nous saisissons et comprenons. Parfois, nos pensées le font de manière consciente, et souvent, de manière inconsciente. Alors, si nous désirons changer le monde autour de nous et nos relations, nous devons commencer avec nos pensées :

1. Nos pensées possèdent le pouvoir de transformer.

2. Vous êtes et possédez ce que vous pensez et croyez.

3. Nous avons plusieurs pensées par seconde ; nous devons les rendre conscientes.

4. Nous pouvons changer tout ce que nous pensons.

5. Nous devons être attentifs à ce que nous souhaitons et pensons…

6. … afin de maîtriser nos pensées et de ne pas les laisser nous contrôler.

7. Nous devons exercer nos pensées quotidiennement — nous avons besoin du temps et de l'espace pour concentrer notre énergie pour transformer, pour apprendre et pour évoluer.

Les techniques de visualisation créatrice

Si nous observons et sondons notre monde interne, nous découvrirons à quel point notre pensée est créative et puissante. Pour atteindre cette merveilleuse visualisation créatrice, il y a deux étapes qu'il faut immanquablement suivre :

Première étape : respiration complète

La respiration complète consiste à travailler avec les poumons et l'abdomen de façon à réaliser une respiration profonde convenable. Vous devez être couché sur le sol dans un endroit confortable où l'on ne vous dérangera pas pendant environ quinze à vingt minutes.

Au début, jusqu'à ce que la respiration soit fluide et naturelle, il est préférable de pratiquer cet exercice lorsque le corps est au repos.

Portez attention à vos pensées et laissez-les passer comme si elles étaient des pluies d'énergie — ne vous arrêtez sur aucune d'elles. Après quelques minutes de relaxation, placez une main sur votre abdomen et l'autre sur votre poitrine. Expirez doucement tout l'air par votre nez, de façon à vider complètement vos poumons. Essayez de garder vos poumons vides pendant quelques secondes. Inspirez lentement, en gonflant seulement votre abdomen jusqu'à ce que vous ayez rempli la partie inférieure de vos poumons – vous sentirez sans vous donner de mal votre diaphragme s'étendre vers le bas. À ce moment, les parties médianes et inférieures de vos poumons sont remplies d'air.

Avant d'expirer, tirez profit de ce moment et videz votre esprit de toutes vos pensées. Imaginez que vous éliminez également toutes les émotions et les tensions quotidiennes. Faites alors passer l'air dans la partie supérieure de vos poumons et, petit à petit, laissez-le sortir.

Répétez le processus pendant un minimum de dix minutes.

Seconde étape : concentration mentale et visualisation créatrice

Avant de commencer l'exercice de visualisation, écrivez ce que vous souhaitez atteindre afin d'avoir un point de vue clair sur votre objectif. Vous devez définir clairement chaque affirmation que vous souhaitez voir s'accomplir. Par exemple :

1. Améliorer la communication avec votre partenaire pendant le dîner.
2. Mieux comprendre vos enfants durant le mois de juin.
3. Ne pas avoir de problème au travail aujourd'hui.

Prenons le premier exemple :

Visualisez votre partenaire et vous-même assis à la maison pour dîner. Pendant que vous faites cet exercice, n'imaginez pas que vous regardez un film dans votre esprit – essayez de sentir, avec tous vos sens, ce que vous visualisez, comme si vous étiez vraiment en train de le vivre.

Ensuite, imaginez une scène où il y a peu de communication entre vous et rayez cette image mentale en la barrant avec un grand X. Ajoutez à cette action mentale la mention *éliminée.*

Imaginez ensuite que vous faites un repas agréable et convivial, avec tous les détails que vous souhaitez inclure. Idéalement, vous devez accomplir les deux visualisations créatrices chaque jour jusqu'à ce qu'elles s'accomplissent. Une fois qu'une visualisation s'est réalisée, travaillez sur de nouvelles, mais ne visualisez jamais plus de deux images par jour.

L'esprit est très rangé et littéral. N'oubliez pas que si nous possédons la capacité de rêver, c'est aussi parce que nous avons la capacité de réaliser nos rêves.

Les relations « amoureuses »

Créer une relation « amoureuse » revient à participer à la célébration de l'amour que nous offre l'univers tous les jours. Nous avons tous en nous une part d'ombre qui nous empêche de profiter de la vie. Nous pouvons illuminer ce coin d'ombre avec la lucidité de l'esprit et un cœur vaillant. La vie est une invitation magnifique. Désirez-vous profiter de tous les aspects de l'amour ? Ne laissez pas traîner les choses. Ça ne dépend que de vous.

Le chemin de l'esprit lumineux

La visualisation vous permet d'entretenir un rapport harmonieux avec votre être intérieur et avec les autres. Il faut franchir quatre étapes :

Dégager l'esprit

Il faut vider son esprit pour apaiser le flux tonitruant de pensées qui le traverse en tout temps. Cet objectif s'atteint à l'aide d'une bonne respiration complète.

Observer l'esprit

Pour que la visualisation soit efficace, il faut que vous soyez attentif aux pensées qui surgissent dans votre esprit. Lorsque vous perdez votre concentration, essayez de vous détendre à nouveau et concentrez-vous sur votre respiration. Une méditation très intéressante consiste à réaliser comment les pensées s'enchaînent, quel est le lien qui relie une pensée à la suivante.

Discipliner l'esprit

Pour accomplir cette étape, nous devons pénétrer le contenu des pensées et voir comment une pensée conduit à une autre, puis à une autre, et quelle est la chaîne qui les relie. Vous n'avez pas à vous sentir concerné par ces pensées ; il suffit de suivre le processus sans porter une attention excessive au sujet actuel de la pensée, puisque c'est souvent une énergie émotionnelle qui passe sur le plan mental.

Affirmations

La discipline permet à l'esprit de formuler des affirmations. Les affirmations sont parmi les outils les plus puissants dont l'esprit dispose. On les réalise en les établissant et en les visualisant clairement. Une affirmation peut aussi être répétée comme un mantra. Idéalement, chaque affirmation devrait être répétée quinze minutes par jour jusqu'à ce qu'elle se réalise.

Les différents types de relations et l'énergie émotionnelle

Le monde est rempli d'énergies positives et négatives. Les émotions en sont un aspect. Il y a une séparation entre les émotions que l'on nomme à tort négatives et les émotions que l'on nomme à tort positives. Les émotions sont simplement des énergies en mouvement. Ce qui les rend positives ou négatives est ce que nous faisons avec elles et les impacts qu'elles ont sur nos relations. La colère, la haine et la peur sont des émotions que nous disons négatives parce qu'elles provoquent des blocages, nous rendent malades et nous tourmentent. L'amour, l'espoir et l'affection sont des émotions dites positives parce qu'elles nous guérissent, nous soulagent et nous protègent. Toutes les émotions font partie de la vie — mais comment pouvons-nous les gérer ?

Apprendre à développer des relations avec l'amour

Pour être capable d'aimer, nous devons contrôler nos craintes et l'énergie négative qu'elles engendrent. Les étapes suivantes permettent de développer une base interne satisfaisante :

1. L'esprit ne peut considérer deux choses en même temps ; ainsi, lorsque la première pensée négative surgit dans notre esprit, nous devons faire le vide et annuler cette pensée. Vous disciplinerez votre esprit et apprendrez à vous concentrer sur le positif.
2. Essayez de découvrir la source de chaque émotion négative qui survient. Cela vous conduira à l'autoconnaissance et à la sagesse.
3. Évitez de juger ou de censurer les autres. Il vaut mieux essayer de renforcer le positif que nous voyons en eux ; autrement, le doigt que vous pointez aujourd'hui sur eux risque de se retourner demain contre vous. Si vous essayez de déceler ce qui est bon chez les autres et en vous-même, vous serez bientôt plus heureux.
4. Vivre dans la noirceur ne revient pas à se tenir dans une pièce sombre — cela signifie que vous ne

pouvez saisir la réalité de la vie dans son harmonie et sa lumière. Vous pouvez choisir de vivre toujours dans la noirceur, mais si vous en êtes fatigué, vous pouvez ouvrir la lumière. Voir avec lucidité est un exercice mental que l'on réalise en devenant conscient de ses émotions positives jusqu'à ce qu'on découvre le meilleur en soi.

5. Analysez les modèles ou les attitudes que vous souhaiteriez imiter. Avoir un modèle positif peut s'avérer utile, pourvu que vous ne l'idéalisiez pas à outrance.
6. Sélectionnez les émotions que vous souhaitez retrouver dans vos relations. Vous devez avoir le contrôle sur votre vie et vos émotions. Observez tous les stimuli qui vous atteignent, comment vous réagissez et quels effets ils produisent sur vous. Ce mécanisme vous apportera une conscience de vous-même permanente.
7. Ayez toutes vos possibilités à l'esprit. Lorsque vous croyez que vous êtes blessé par une émotion négative, faites une liste de toutes les manières positives que vous avez de répondre à la situation. Ce système apporte un mécanisme de protection qui ne vous fera jamais défaut.
8. Visualisez cette liste et travaillez sur les affirmations quotidiennes jusqu'à ce que vous atteigniez vos buts.

Rappelez-vous chaque fois que vous avez perdu pied lorsque vous marchiez sur le chemin de l'insécurité et de la crainte. Maintenant, il est temps de suivre le chemin de l'amour. Votre guide idéal sera le tendre murmure qui jaillit en tout temps de votre cœur.

31

Liberté
Le don de l'amour

Liberté sexuelle : le chemin de la vérité

La libération sexuelle est un slogan si banal et surfait que la plupart d'entre nous ont perdu de vue sa signification véritable. La liberté est un don naturel qui repose sur la connaissance, la lucidité et le développement interne de chaque individu.

Vous êtes libre quand il existe une cohérence entre votre monde intérieur et l'univers externe. Cela se manifeste quand vous donnez et recevez le meilleur en vous, naturellement et spontanément — quand vous savourez chaque expérience comme un jeu d'énergies qui circulent sans fin et que vous jouissez du présent sans attendre l'approbation des autres. Vous faites confiance aux préceptes de votre propre cœur.

Pour entretenir une vie sexuelle libre et active, nous devons respecter les mêmes principes.

1. Connaissez votre monde intérieur.
2. Vous êtes et possédez ce que vous pensez et croyez.
3. Devenez plus conscient de vos capacités et limites.
4. Gardez vos convictions, pensées, actions et sentiments réciproquement constants.
5. Savourez chaque moment de chaque rencontre érotique, en étant conscient qu'il s'agit d'un moment de plaisir unique avec votre partenaire.
6. Recherchez la satisfaction de votre partenaire d'une manière naturelle et fluide.
7. Soyez ouvert à recevoir pendant que vous donnez une satisfaction sexuelle et émotionnelle à chaque rapport.

Cependant… comment pouvez-vous mettre en application tous ces principes universels ? Au-delà du sexe, de la couleur, de la religion ou du statut social, il existe des moyens pour trouver l'harmonie et l'équilibre :

1. Aimez et protégez votre propre corps.
2. Appréhendez le corps entier comme une carte du plaisir pour votre propre satisfaction et celle de votre partenaire.
3. Fiez-vous au langage corporel dans le contact érotique.
4. Soyez attentif et ouvert à tous les signaux que vous donne votre partenaire dans une relation sexuelle.
5. Comprenez, sans juger, les fantasmes qui se forment dans votre esprit.
6. Respectez les désirs, les croyances et les idées des autres.

7. Soyez ouvert aux nouvelles expériences proposées par votre partenaire, tout en respectant vos propres besoins.
8. Cherchez les informations récentes sur les nouvelles techniques pour augmenter le plaisir.
9. Comprenez que le contact érotique est un jeu fascinant et un échange entre deux personnes.
10. Prenez soin de la santé de votre corps et du corps de l'être aimé, en les protégeant de toutes maladies.
11. Respectez une éthique sexuelle avec votre partenaire, qui comprend le respect de sa disponibilité et des conventions établies pour chaque nouvelle rencontre.
12. Souvenez-vous de vos rêves érotiques afin de découvrir leur message inconscient et de comprendre le besoin caché qu'ils expriment.
13. Analysez toute réticence à l'expression de vos sentiments lorsque vous êtes avec votre partenaire.
14. Proposez toujours une communication sexuelle sans imposer des règles que n'accepterait pas votre partenaire.
15. Respectez les tendances sexuelles des autres, ce qui ne veut pas dire que vous devez y participer.
16. Essayez de trouver de l'information pour clarifier les mythes qui conditionnent notre sexualité.
17. Maintenez une attitude de renouvellement sur le plan érotique, peu importe depuis quand dure votre relation.
18. Recherchez les espaces ouverts où peut fleurir l'harmonie complète.

La libération d'un être humain, dans tous les aspects de sa vie, et sous toutes les formes, enveloppe une essence infinie. La sagesse permettant d'apprécier la vie en toute liberté consiste à découvrir, tous les jours, un nouvel aspect de l'amour.

32

Formules pour la tendresse

Si vous ne pouvez vous rappeler la dernière fois qu'une personne vous a attendu les bras ouverts, sortez votre carnet et notez quelques trucs pour éviter l'effritement et le déclin de votre vie de couple.

Rappelez-vous seulement les dernières semaines : combien de fois avez-vous souhaité que l'être aimé vous étreigne par surprise ? Combien d'autres fois avez-vous été bouleversé par l'absence de tendresse dans votre relation ? Avez-vous l'impression d'avoir perdu à jamais la passion du début avec votre partenaire ? Pourriez-vous revivre ces amours d'été passagers, débordants d'une passion ardente ? Combien de temps pourrez-vous endurer ce manque de plénitude découlant d'une absence de tendresse dans votre vie quotidienne ?

Il faut avoir quelques ingrédients à portée de la main pour bonifier la nature de chaque rencontre :

Ne gardez pas rancune

Si vous souhaitez vivre une relation plus agréable, évitez les malentendus et les disputes épuisantes.

Riez

La capacité de rire de vous-même et de découvrir l'élément positif dans les situations difficiles traduit une grande réserve de tendresse.

Silence

Appréciez le besoin de silence de votre partenaire lorsqu'il ou elle veut simplement vous regarder et vous apprécier. Ce sont des moments pleins de tendresse.

Surprise

La routine est le pire ennemi de l'affection. Un couple peut surmonter l'inertie seulement s'il apprend à penser à ces petits détails qui illuminent sa vie. Découvrir comment garder la tendresse vive est un jeu incroyable comportant des milliers de combinaisons créatives. Notez à votre agenda une liste de surprises pour l'être aimé.

Synchronisation

L'aspect le plus difficile dans une relation amoureuse est de trouver le bon moment pour parler des choses qui nous irritent et entravent le plaisir.

Générosité

La générosité signifie avoir l'intention de donner à votre partenaire sans attendre une expression d'amour ou de désir sexuel en retour.

Autres idées

Les autres ingrédients qui favorisent la tendresse dans une relation comprennent le respect, le tact, la compréhension et surtout la volonté de proposer de nouvelles ou différentes idées pour développer une relation plus positive. Soyez vigilant à ce que l'autre personne cherche à exprimer. Les mots n'expriment pas toujours ce que nous ressentons vraiment. Souvent, les émotions profondes se cachent entre les lignes de nos paroles.

Être prêt à aimer et à relaxer, et se dévouer corps et âme à notre partenaire, n'est pas un rêve ou une illusion démodée. Donner à l'autre personne (et à nous-même) la chance de vivre la vraie tendresse, même pour un court instant, est comme une oasis dans notre lutte quotidienne.

33

Comment trouver votre âme sœur

Comment trouver l'amour de votre vie

Votre âme aspire à trouver une autre âme qui possède toutes les qualités qui sont en harmonie avec les vôtres. Mais vos sens continuent de vous embrouiller et vous éloignent de votre amour véritable. En vous concentrant sur votre cœur, vous serez capable de trouver l'amour de votre vie. Maintenant, tenez-vous prêt à découvrir le pouvoir de l'amour.

L'appel du cœur

Vous pouvez vous trouver en présence de votre véritable amour et ne pas remarquer cette personne parce que vos sens vous distraient d'elle. Par exemple, supposons que vous deviez ranger un objet très important, mais que quelque chose vous distraie soudain (cela peut être un appel téléphonique ou quelque chose à la radio qui capte votre attention). Vous rangez alors l'objet, mais vous oubliez où vous l'avez placé.

Vous perdez l'objet qui vous était si cher comme s'il vous avait glissé entre les doigts ou parce que vous l'avez placé à un endroit dont vous n'avez aucun souvenir.

Votre existence peut s'écouler dans l'inconscience ou dans la parfaite harmonie — cela ne dépend que de vous.

Toutes les techniques de méditation et visualisation créatrice supposent que nous concentrions nos pensées sur un point, un objet, une situation, un endroit, une personne, un archétype, une image, un mantra ou un désir. Il y a un principe à la base de toutes les théories de la concentration mentale : l'énergie suit la pensée. Cela signifie que tout ce que vous pensez sera prolongé par une énergie physique, émotionnelle, mentale ou spirituelle à partir de laquelle se matérialisera l'objet de vos désirs. Il n'y a aucun doute que tout ce que vous désirez sincèrement dans votre cœur deviendra d'abord une réalité dans votre monde intérieur avant de se manifester sur le plan externe.

Engagement du pouvoir divin de créer

Avant de mettre en application ces techniques, vous devez devenir conscient du pouvoir de votre volonté.

Tout d'abord, soyez conscient et sachez que nous sommes créateurs de l'univers, parce que nos pensées sont créatrices.

Ensuite, vous devez être très honnête avec vous-même avant d'aller de l'avant dans la réalisation de votre désir de trouver l'amour de votre vie. Essayez de répondre aux questions suivantes :

Est-ce que je souhaite rencontrer mon amour unique ?
Est-ce que j'ai une idée claire de la personne dont j'ai besoin ?
Suis-je prête ou prêt pour l'amour de ma vie ?

Est-ce que je veux vivre plusieurs relations avant de m'engager vraiment avec l'amour de ma vie ?
Ai-je déjà rêvé de la possibilité de trouver une relation harmonieuse et parfaite ?
Suis-je prête ou prêt à vivre cette aventure ?
Suis-je intéressé uniquement par l'apparence extérieure de l'être aimé ou suis-je également sensible à ses qualités profondes ?

Trouver l'amour divin

Pour que cette technique soit efficace, vous devez noter sur un papier comment vous voyez votre partenaire idéal avec le maximum de détail avant de pratiquer la visualisation.

N'oubliez pas que l'énergie universelle et la pensée sont très littérales et spécifiques. Un ancien proverbe dit : « Soyez prudent avec vos souhaits, puisqu'ils risquent de s'accomplir ».

Première étape

Concentrez-vous sur les attributs essentiels que vous souhaitez trouver chez la personne chère.

Seconde étape

Modelez et façonnez l'être aimé — essayez d'apercevoir son être intérieur clairement afin qu'il se manifeste plus tard à l'extérieur. Structurez l'image comme une chose réelle qui se trouve dans l'ici et le maintenant, dans le temps présent.

Écrivez les affirmations qui créent l'amour idéal. Par exemple : « Je trouve la personne de mes rêves. Elle me comprend toujours et est toujours capable de m'aider. L'être aimé est parfait, il me satisfait toujours. Avec mon amour idéal, les relations sexuelles m'apportent surprise, tendresse et extase.

Mon amoureux/amoureuse est une très belle personne qui pense aussi que je suis parfait/parfaite. »

N'écrivez pas le nom d'une personne précise, mais laissez plutôt la loi de l'attraction agir. Faites confiance à l'énergie universelle.

Troisième étape

Pratiquez la respiration profonde lorsque vous sentez que vous êtes prêt à passer à l'étape de la visualisation.

Quatrième étape

Visualiser la personne parfaite, en suivant les affirmations que vous avez créées. Le but de cette technique est double : elle vise à éveiller votre capacité interne d'aimer et de reconnaître votre partenaire dans le monde extérieur.

Cinquième étape

Avec vos pensées et vos émotions, et grâce à la visualisation ou à la méditation quotidienne, vous devez créer une plateforme pour l'amour de vous-même. En le faisant, vous deviendrez plus convaincu chaque jour que l'on vous aime et que l'on vous accepte inconditionnellement, et ce, d'une manière qui vous convient.

Pour que la visualisation soit efficace, il est essentiel d'avoir la certitude intérieure que vous pouvez donner le meilleur de vous-même. L'autre point important est d'être alerte et de garder votre cœur ouvert pour accueillir l'amour de votre vie.

Âmes sœurs

L'attraction magnétique entre deux âmes sœurs est inévitable et, même si l'on dit que la personne idéale ne peut pas toujours être trouvée, cette merveilleuse expérience se produit au moins une fois dans la vie de chacun. En fait, la rencontre survient souvent avant la découverte concrète de l'autre personne.

Ce qui se produit habituellement, c'est que nous avons vécu l'expérience de manière inconsciente, parce que les affinités sont parfois si subtiles que notre ego peut ignorer la présence de cette autre partie de notre être.

Les niveaux d'union des âmes

Chaque être humain connaît cet événement merveilleux sur différents plans d'énergie :

Premier niveau

Le premier niveau d'union est spirituel. Ce plan est atteint lorsque les âmes sœurs sont intérieurement prêtes à être unies. Chacune des parties ressent un grand contentement et, si l'union est spirituelle, il est possible qu'elles ne se séparent plus jamais.

Second niveau

Le second plan est intellectuel : les âmes sœurs tombent en accord sur ce qu'elles pensent.

Troisième niveau

Le troisième niveau est émotionnel. À partir de la première rencontre, il se crée une affinité profonde et surgit le sentiment de se connaître depuis longtemps. À ce stade, les âmes sœurs tombent en amour plus facilement. Elles partagent un grand sentiment d'abandon et d'équilibre.

Quatrième niveau

Le quatrième niveau est physique et érotique. Les partenaires d'un couple formé d'âmes sœurs s'abandonnent mutuellement physiquement et avec une passion sans bornes. Au cours de l'acte sexuel, les baisers et les étreintes sont intenses et interminables, parce qu'elles sentent dans ce contact physique qu'elles ont trouvé leur vraie demeure. Sur le plan érotique, les âmes sœurs découvrent dès le premier moment que leur partenaire connaît leur corps à la perfection. Elles se caressent et s'embrassent comme si elles ne formaient qu'un seul corps ; leur contact érotique semble les guider hors de l'espace et du temps parce qu'elles perçoivent qu'elles sont transportées dans une autre dimension. La sensation de liberté et l'impression de planer pendant qu'elles font l'amour sont sublimes et elles sentent qu'elles peuvent toucher le ciel avec leurs mains.

Sans ce dernier niveau physique, les âmes sœurs ne peuvent vraiment se reconnaître en tant que couple. Si elles se rencontrent sur les autres plans d'amour inconditionnel, leur relation pourra prendre la forme d'une amitié durable ou d'une affection particulière, sans qu'elles s'unissent dans un couple. Cela dépendra de la personnalité, du développement spirituel et du niveau de conscience de chacun.

Comment trouver votre âme sœur

Si le côté rationnel d'une personne l'empêche de tenir compte des besoins de son âme, c'est sûrement parce que cette personne émet une consigne mentale ressemblant à : « Il est impossible qu'une personne comme cela existe. » Ou : « Tous ces trucs sur les âmes sœurs, c'est une bien belle histoire, mais je ne la connaîtrai jamais. »

Ce qui est vrai, c'est que lorsque vous serez prêt pour la rencontre, vous attirerez l'autre personne comme un aimant, pourvu que les émotions ou les pensées négatives n'entravent pas le processus. Afin de vivre cette expérience excitante de rencontrer une âme sœur, il n'est pas besoin d'avoir un âge spécifique. Mais où pouvez-vous dénicher l'âme sœur ? Cela peut se produire à l'école, à l'université, au travail, pendant un voyage, sur Internet ou pendant les circonstances les plus imprévues.

En amour, il n'y a ni recette ni condition, et il n'existe aucune règle. Pour trouver votre âme sœur, vous devez développer une connaissance profonde de votre être propre.

34

L'amant idéal fait l'amour avec son corps et son âme

Faites-vous confiance

Vous êtes le sol sur lequel reposent toutes choses.
Vous êtes l'humus d'où surgissent toutes choses.
Vous êtes ici, vous êtes solide, vous êtes en vie.
Vous êtes le point où toutes les choses
de l'univers commencent.

Il est dans l'usage de penser que la zone la plus érotique de chaque être humain commence et finit avec soi-même.

Pour la philosophie tantrique, le sexe est l'union entre la terre et l'univers – les êtres humains agissent dans l'acte sexuel comme un canal ou un pont possédant une force érotique éternelle et infinie.

À cause de l'ignorance, la vraie fonction du sexe a toujours été un mystère (particulièrement son origine ou ses racines parce qu'il engendre une forte excitation chez tous les êtres humains).

Personne ne peut nier que l'énergie sexuelle est la plus subtile et puissante des énergies dans notre existence. La vitalité est directement liée à la sexualité, combinant les trois sphères de la vie : la pensée, les émotions et la volonté.

Les différentes modifications de ces trois facteurs engendrent le désir sexuel le plus sensuel et profond, en rapport avec soi-même aussi bien qu'avec les autres.

Si votre attitude de respect envers le sexe n'est pas dictée par des arguments philosophiques ou des préjugés négatifs ou positifs, alors vous vous ouvrez à la vraie connaissance du tantra. Ce n'est qu'ainsi que l'érotisme trouve sa pleine utilité, parce que l'énergie sexuelle est difficile à contrôler, à manipuler, à connaître et à emmagasiner. Si nous tentons d'être davantage conscients de nos pulsions sexuelles, nous serons capables de connaître le paradis.

Notre intuition nous guide. La connaissance consciente de ce qui suscite le désir sexuel fait partie de la formation et la volonté de canaliser nos forces vitales est une voie vraiment bénéfique.

Faire l'amour avec l'univers

Le tantra dit :

« Accepte-toi comme tu es. Tu es un grand mystère formé de plusieurs énergies qui se combinent dans plusieurs dimensions.

Accepte ce mystère et joue avec chaque énergie, avec une grande sensibilité,

avec un esprit lucide, avec amour, avec compréhension.

Alors, chaque désir deviendra un véhicule
pour ton propre développement.
Chaque énergie te sera d'une aide précieuse,
et le monde lui-même sera une lumière consciente dans ta vie.
Ton propre corps est un temple, un lieu sacré,
là où l'univers rend hommage. »

Conclusion

Le sexe et l'art d'aimer vous a entraîné sur la route du plaisir et de l'extase qui peuvent être vécus de manière permanente. En parcourant ce chemin, vous êtes en mesure de comprendre le sens du véritable amour.

Le but de ce livre était de vous initier à l'art d'aimer et de vous apprendre à illuminer votre cœur. C'est ainsi que vous pourrez augmenter votre lucidité et approfondir votre connaissance.

Chaque étape qui jalonne cette route ouvre une porte sur un niveau plus profond de votre être intérieur. Vous devez traverser trois niveaux. Le premier niveau qui doit être traversé est celui des *préliminaires amoureux.*

Une fois que vous avez maîtrisé toutes les techniques, que vous êtes versé dans l'art d'aimer, vous pouvez alors poursuivre votre route sur le Tao vers un niveau plus profond et atteindre un nouveau stade — celui de *l'amour en acte.*

Une fois que vous avez compris l'amour en acte, vous pouvez passer au niveau suivant – *l'accroissement de l'amour* –, parce que votre cœur est maintenant prêt à rayonner de la flamme éternelle qui brûle en vous.

Les réponses, les techniques, les visualisations et les éléments qui vous aideront à atteindre ce but final sont présentés dans cette section.

Et puisque le Tao de l'amour est infini, il n'a pas de fin.
Ni aucun but.
Il est le présent éternel.
Lorsque les trois stades sont atteints,
la route entière a été parcourue.
Le Tao de l'amour s'accroît sans cesse.
C'est pourquoi
il est immortel.
Ici et maintenant,
au-delà du sexe,
vous pouvez aimer avec votre âme.
Vous possédez déjà les techniques
qui feront de vous un amant idéal.

Épilogue

Le Tao n'a pas de favori

Le Tao infini coule partout,
créant et détruisant,
façonnant le monde,
voyant aux moindres détails,
sans attendre rien en retour.
Il nourrit toutes choses, sans les contrôler ;
il est sans intention,
et semble ainsi manquer de consistance.
Il est la substance de toutes choses,
mais il ne soumet rien et ne contrôle rien ;
il ne fait pas d'exception,
c'est pourquoi il importe à toutes choses.
Et parce qu'il ne favorise aucune chose finie,
il est infini.

– *Tao Te King, 34*

Bibliographie

Arnold, Paul, *Con los sabios místicos de Japón,* Buenos Aires, Editorial Dédalo, 1976.

Asín Cabrera, A., *Tantra,* Madrid, Editorial Analecta, 1980.

Ballesteros Arránz, Ernesto, *Yogasûtras de Patâñjali,* Madrid, Ediciones Bhisma, 1993.

Benson, Herbert, M.D., *Relajación,* Barcelona, Editorial Pomaire, 1977. Également publié en anglais sous le titre *The Relaxation Response,* Avon, 1990.

Bernard, Jean-Luis, *El tantrismo, yoga sexual,* Barcelona, A.T.E., 1975.

Bernard, Theos, *El camino práctico del yoga : el cielo está en nosotros,* Buenos Aires, Editorial La Pléyade, 1972.

—, *Hatha yoga: una técnica de liberación,* Buenos Aires, Ediciones Siglo Veinte, 1973.

Besant, Annie, *El yoga,* Buenos Aires, Editorial Kier, 1966.

Calle, Ramiro, *La sabiduría de los grandes yoguis,* Barcelona, Círculo de Lectores, 1975.

—, *Principios de yogoterapia,* Madrid, Ediciones Pirámide, 1979.

—, *Yoga: ciencia de la salud,* Madrid, Ediciones Pirámide, 1979.

Chang, Jolan, *Tantra: el culto de lo femenino,* Sudamericana Grupo Editor.

Comunidad del Arco Iris, *Tantra, la alquimia energética, Volumen I,* Barcelona, Arcoiris, 1981.

Eliade, Mircea, *Yoga, inmortalidad y libertad,* Buenos Aires, Editorial La Pléyade, 1977. En français : *Le yoga : immortalité et liberté,* Paris, Payot, 1991.

Feuerstein, George, *The Philosophy of Classical Yoga,* Rochester, Inner Traditions International, 1996.

—, *The Shambhala Encyclopedia of Yoga,* Boston, Shambhala Publications Inc., 1997.

—, *The Yoga Tradition: Its History, Literature, Philosophy and Practice,* Prescott, Hohmpress, 1998.

Guenon, René, *La metafisica oriental,* Barcelona, Ediciones de la Tradición Unánime, 1984. Voir en français : *Orient et Occident,* Tredaniel, 1990 ; *Aperçus sur l'ésotérisme islamique et le taoïsme,* Gallimard, 1992.

Herrigel, Eugen, *Zen en el arte del tiro con arco,* Buenos Aires, Editorial Kier, 1979.

Holleman, Dona, *Dancing the Body of Light,* The Netherlands, Pegasus Enterprises, 1999.

lam, Mabel, *El don de la diosa,* Buenos Aires, Editorial Mega Libros, 1999.

—, *Magia sexual,* Tienda de Libros, 2001.

Jung, Carl, *Arquetipos e inconciente colectivo,* Buenos Aires, Editorial Paidós, 1974.

—, *Contribución a los símbolos,* Buenos Aires, Editorial Paidós.

—, *Energética psíquica y esencia del sueño,* Buenos Aires, Editorial Paidós, 1982.

—, *Formaciones de lo inconciente,* Buenos Aires, Editorial Paidós.

—, *La interpretación de la naturaleza y la psique,* Buenos Aires, Editorial Paidós, 1994.

—, *La psicología de la transferencia,* Buenos Aires, Editorial Paidós. En français : *Psychologie du transfert,* Albin Michel.

—, *Las relaciones entre el yo y el inconciente,* Buenos Aires, Editorial Paidós. Voir en français : *Dialectique du moi et de l'inconscient,* Gallimard.

—, *Lo inconciente,* Editorial Losada.

—, *Los complejos y el inconciente,* Editorial Alianza, 1970.

—, *Psicología y alquimia,* Buenos Aires, Editorial Paidós. En français : *Psychologie et alchimie,* Buchet Chastel.

—, *Psicología y educación,* Buenos Aires, Editorial Paidós. En français : *Psychologie et éducation,* Buchet Chastel.

—, *Psicología y religión,* Buenos Aires, Editorial Paidós. En français : *Psychologie et religion,* Buchet Chastel.

—, *Psicología y simbología del arquetipo,* Buenos Aires, Editorial Paidós.

—, *Realidad del alma,* Editorial Losada. Voir en français : *Les énergies de l'âme,* Albin Michel.

—, *Recuerdos, sueños y pensamientos,* Editorial Seix Barral S.A., 1966. Voir en français : *Ma vie : souvenirs, rêves et pensées,* Gallimard.

—, *Simbología del espíritu,* Fondo de Cultura Economica, 1962. Voir en français : *Essais sur la symbolique de l'esprit,* Albin Michel.

—, *Símbolos de transformación,* Buenos Aires, Editorial Paidós, 1982.

—, *Sincronicidad,* Buenos Aires, Editorial Paidós. Voir en français : *Synchronicité et Paracelsica,* Albin Michel.

—, *Teoría del psicoanálisis,* Editorial Plaza y Janes.

—, *Tipos psicológicos,* Editorial Sudamericana. En français : *Types psychologiques,* Genève, Georg, 1993.

Jung, Carl, y otros, *El hombre y sus símbolos,* Editorial Caralt. En français : *L'homme et ses symboles,* Robert Laffont.

Jung, Carl, y Wiheim, R, *El secreto de la flor de oro,* Buenos Aires, Editorial Paidós, 1981. En français : *Commentaire sur le mystère de la fleur d'or,* Albin Michel

Jung, Carl, Campbell, J., Bly, Keen, Dosse, May, Branden, Wilber, Hillman, Bradshaw, *Encuentro con la sombra,* Editorial Kairós.

Jung, Carl, Campbell, J., Harding, Zweig, Stein, Bly, Rich, Hillman, Von Franz, Whitmont, y otros, *Espejos del yo,* Editorial Kairós.

Krishnamurti, *El estado creativo de la mente,* Buenos Aires, Editorial Kier. Voir en français : *Le changement créateur,* Neûchatel, Delachaux et Niestlé, 1988.
—, *La libertad primera y última,* Barcelona, Editorial Kairós, 1996. Voir en français : *De la liberté,* Monaco, Éditions du Rocher, 1996.
Lao-tseu, *Tao Te Ching,* Barcelona, Ediciones Orbis, 1985. Également publié en français sous le titre *Tao-tö king,* traduit du chinois par Liou Kia-hway, Gallimard, 1990.
—, *Tao-Te-King,* Madrid, Luis Cárcamo, editor, 1980.
Lysebeth, Andre Van, *Tantra: el culto de lo femenino,* Barcelona, Ediciones Urano, 1990.
Osho Rajneesh, *Aqui y ahora,* Editorial Libros de Osho.
—, *De la medicación a la meditación,* Editorial Libros de Osho.
—, *Introducción al mundo del tantra,* Roselló Impresions. Voir en français : *Tantra, le chant royal de Sahara,* Le Voyage Intérieur, 1996.
—, *¿Qué es meditación ?,* Roselló Impresions. Voir en français : *Méditation,* Le Voyage Intérieur, 1996 ; *Techniques de méditation,* Le Voyage Intérieur, 1991.
—, *Sólo un cielo,* Roselló Impresions.
—, *Tao: los tres tesoros,* Editorial Libros de Osho.
—, *Tantra: espiritualidad y sexo,* Editorial Libros de Osho. Voir en français : *Du sexe à la conscience divine,* Le Voyage Intérieur, 1989.
—, *Una nueva visión sobre la liberación de la mujer,* Editorial Gulaab.
—, *Vida, amor y risa,* Editorial Libros de Osho.
—, *Yoga : la ciencia del alma, volumen II,* Editorial Gulaab.
—, *Zen : tarot,* Editorial Libros de Osho. En français : *Tarot zen,* Du Gange, 1999.
Ramacharaka, Yogi, *14 lecciones sobre filosofia yogi y ocultismo oriental,* Buenos Aires, Editorial Kier, 1972.
—, *Ciencia hindú yogi de la respiración,* Buenos Aires, Editorial Kier, 1973.
Raynaud de la Ferriere, Serge, *Yug, yoga, yoguismo,* Mexico, Editorial Diana, 1975.

Reid, Daniel, *El tao de la salud, el sexo y la larga vida,* Barcelona, Editorial Urano, 1989. Également publié en anglais sous le titre *Tao of Health, Sex & Longevity,* Redwing Book Co., 1999.

Rinpoché, Sogyal, *Meditación,* Editado por : José J. de Olañeta, Palma, 1998. En français : *Méditation,* Table Ronde, 1995.

Rivière, Jean M., *El yoga tántrico,* Buenos Aires, Editorial Kier, 1978. En français : *Le yoga tantrique hindou et tibétain,* Arché, 1979.

Salzberg, Sharon, *Amor incondicional,* Madrid, Editorial Edaf, 1987.

Sama, Meishu, *Foundation of Paradise,* Johrei Felloship.

—, *The Art of the Johrei,* Lux Oriens.

Shankara, *La joya suprema del discernimiento,* Edicomunicaciones.

Shankaracharya, Sri, *La joya suprema del discernimiento y la realización directa,* Buenos Aires, Editorial Kier.

Sing Khalsa, Gurudass, *Kundalini yoga, tal como lo enseña Yogui Bhajan,* Barcelona, Editorial Alas, 1989.

Sivananda, Kalyan, *Instituto tantra,* Buenos Aires, Editorial Kier, 1979.

Sivananda, Swami, *Ciencia del pranayama,* Buenos Aires, Editorial Kier, 1975. Voir en français : *La pratique de la méditation,* Paris, Albin Michel, 1982.

—, *Kundalini Yoga,* Buenos Aires, Editorial Kier, 1971.

—, *Tantra Yoga, Nada Yoga, Kriya Yoga,* Buenos Aires, Editorial Kier, 1973.

Stoler Miller, Barbara, *Yoga, Discipline of Freedom, The Yoga Sutra Attributed to Patanjali,* Berkeley, University of California Press, 1996.

Suzuki y Fromm, *Budismo zen y psicoanálisis,* Madrid, Closas-Orcoyen, 1975.

Suzuki, D. T., *La práctica del monje zen,* Barcelona, Ediciones Abraxas, 1998. Voir en français : *Introduction au bouddhisme zen,* Paris, Buchet Chastel, 1978 ; *Essais sur le bouddhisme zen,* Paris, Albin Michel, 1972.

Suzuki, Shunryu, *Mente zen, Mente de principiante,* Buenos Aires, Editorial Estaciones, 1987.

La façon sincère et chaleureuse dont Mabel Iam aborde la magie du quotidien a gagné le cœur et l'esprit de millions de téléspectateurs et d'auditeurs en Amérique latine. Mabel est une personne estimée offrant de judicieux conseils dans son Argentine natale ; elle perce actuellement le marché américain.

Toujours empressée de partager ses connaissances avec les autres, cette personnalité médiatique est également l'auteure de nombreux guides pratiques, dont les sujets s'étendent de l'astrologie jusqu'à la sexualité. Son dernier best-seller, *¿Qué hay detrás de tu nombre ?*, a remporté le prix *Latino Literary Book* en 2003, dans la catégorie des guides pratiques, au *Book Expo America,* tenu à Los Angeles.

Le sexe et l'art d'aimer est la traduction française de son livre le plus récent, *El amante perfecto,* un guide pratique pour s'initier à l'art d'aimer. Dix pour cent des sommes touchées par Mabel pour ce livre seront remis à des organismes favorisant la « culture biologique », une technologie qui permet de produire les aliments naturellement, sans l'aide de fertilisants chimiques ou de pesticides. Une grande partie de la production de ces fermes est donnée gratuitement aux gens dans le besoin.

Conférencière recherchée, Mabel donne des ateliers et des séminaires sur l'alchimie, l'invocation des anges, la visualisation créatrice, les techniques taoïstes, la psycho-astrologie, la magie sexuelle et le tantra. Mabel Iam est régulièrement invitée sur *Miami Uno* et *Cadena Azul,* écrit régulièrement dans des magazines internationaux prestigieux, et a fait des apparitions dans des émissions telles *De Mañanita* sur Telemundo et *Despierta America* sur Univision.

Psychothérapeute reconnue et conseillère de présidents et de célébrités, Mabel Iam a remporté de nombreux prix pour son travail, dont le *Mercosur Research Award* en 1999.

La formidable énergie de Mabel et ses conseils éclairés trouvent leur terrain idéal dans un mélange harmonieux de thérapies exotiques et une approche à la fine pointe de la guidance. L'adresse de son site Internet est www.mabeliam.com.